TRANSPORTS ET MOBILITÉS EN EUROPE

Innover pour rapprocher les territoires

Entretiens Universitaires Réguliers pour l'Administration en Europe

Collection fondée par Hélène PAULIAT
et dirigée par Hélène PAULIAT et Michel SENIMON

La collection a pour objet de publier les actes du colloque annuel que l'Association EUROPA (ONG dotée du statut participatif auprès du Conseil de l'Europe) organise chaque année à Limoges. Les thèmes traités sont relatifs à l'administration publique, le service public, la fonction publique et les politiques publiques en Europe. Les rencontres annuelles ont la particularité de faire intervenir des universitaires, des praticiens, des fonctionnaires territoriaux ou de l'Etat, des économistes, des sociologues des différents pays membres du réseau de l'Association EUROPA ; elles permettent ainsi une analyse des politiques conduites chez nos partenaires européens et un croisement des approches sur les bonnes pratiques mais aussi sur les difficultés de la gestion de l'action publique en Europe.

Déjà parus :

Hélène PAULIAT, Michel SENIMON et Christophe BONNOTTE (dir.), *Les politiques publiques de l'eau en Europe. Entre fragmentation et intégration,* 2023.

Hélène PAULIAT, Michel SENIMON et Christophe BONNOTTE (dir.), *Les politiques agricoles et le développement rural en Europe. Pour une agriculture au service de l'attractivité des territoires ?, 2021.*

Hélène PAULIAT, Michel SENIMON et Christophe BONNOTTE (dir.), *Défis et enjeux de la Silver économie en Europe. Quelles politiques publiques pour quels objectifs ?*, 2021.

Textes réunis par
Hélène PAULIAT, Michel SENIMON
et Christophe BONNOTTE

TRANSPORTS ET MOBILITÉS EN EUROPE

Innover pour rapprocher les territoires

L'Harmattan

EUROPA est une OING dotée du statut participatif auprès du Conseil de l'Europe, qui dispose d'un réseau d'experts européens provenant de dix-neuf pays de l'Union européenne (Allemagne, Belgique, Bulgarie, Danemark, Espagne, France, Grèce, Hongrie, Irlande, Italie, Lituanie, Luxembourg, Pays-Bas, Pologne, Portugal, Roumanie, Slovaquie, Slovénie, Suède). Cette large représentativité européenne constitue l'atout majeur du « réseau EUROPA » et permet à l'organisation de répondre de manière réactive à toutes commandes, appels d'offres ou missions d'expertise internationales entrant dans les domaines de compétences : - Analyse et comparaison des politiques publiques en Europe - Organisation territoriale des Etats en Europe — Participation des citoyens à la décision publique en Europe - Reconnaissance et refondation des services publics en Europe –Rôle des services publics en matière de cohésion sociale et territoriale – Modernisation des administrations publiques et management public en Europe - Régimes juridiques et mobilité des agents publics en Europe – Protection sociale des citoyens et des agents publics en Europe. Par ailleurs, EUROPA réalise des actions de formation et d'animation de journées d'études, conduit des programmes de recherche et développe un site Internet qui constitue un véritable centre de ressources : www.europaong.org. Elle organise enfin chaque année à Limoges des colloques sur ces problématiques dans le cadre des Entretiens Universitaires Réguliers pour l'Administration en Europe, ainsi que des séminaires européens dans les pays membres de son réseau.

5-7, rue de l'École-Polytechnique – 75005 Paris

www.editions-harmattan.fr

ISBN : 978-2-336-52773-4
EAN : 9782336527734

Présentation

Mots d'ouverture

Michel SENIMON
Délégué général d'EUROPA

Mesdames, Messieurs, c'est la vingt-deuxième édition de nos entretiens universitaires réguliers ! Cette rencontre annuelle s'inscrit dans la durée, grâce au soutien de la région Nouvelle-Aquitaine, de la communauté d'agglomération Limoges-Métropole, de la ville de Limoges, de l'Université de Limoges, du CNFPT qui trouve dans nos travaux une réponse et avec lequel nous venons de renouveler une convention.

Cette année, notre ONG a souhaité être accompagnée par un cercle de partenaires qui participent, sur le territoire, à l'aménagement et à la transformation de nos territoires. A ce titre, nous devons remercier l'ensemble des dix partenaires, dont la Chambre de commerce et d'industrie de Limoges et de la Haute-Vienne.

Le colloque est une fois encore organisé dans le cadre de l'Intergroupe du parlement européen Biens communs et services publics, animé par la députée européenne Karine Gloanec Maurin, qui prendra la parole.

La richesse d'Europa réside dans un réseau tissé au fil des ans entre administrateurs et universitaires sur vingt pays de l'Union, permettant d'élaborer des projets à l'échelle du territoire européen.

En guise d'introduction, nous pouvons citer le sociologue Dominique Wolton, qui, dans un article paru en 2012, affirme : « dans un monde ouvert où la liberté de circulation est une valeur dominante, les murs et les frontières n'ont jamais été aussi nombreux. La modernité s'accompagne d'inégalités, de rationalisation et d'enfermements de toutes sortes. Quand tout évoque vitesse et circulation, les murs s'imposent. Là où les réseaux magnifient la liberté et le mouvement, les frontières fleurissent »[1]. A l'aune de l'actualité d'aujourd'hui, deux remarques s'imposent.

La première, c'est qu'il convient de tempérer notre enthousiasme conduisant à affirmer le triomphe de la liberté, du mouvement et de la mobilité. On ne saurait ignorer en ces périodes troublées le retour des frontières, de la construction de murs, de la fermeture de ce que les journalistes appellent la « forteresse Europe » ; la fermeture aux vagues migratoires participe du même mouvement. Si l'idéologie de la circulation l'a bien emporté, c'est certes au bénéfice du plus grand nombre, mais à l'exclusion de beaucoup d'autres.

La seconde remarque, c'est qu'en interprétant les termes du sociologue, on constate que les murs et frontières concernent autant les limites entre les Etats que les limites au sein de la société, formant autant de coupures entre les différentes catégories de la population. L'actualité se charge en effet de nous rappeler l'existence de tensions entre l'idéologie du droit à la circulation et la revendication du droit à la mobilité, perçu comme une nécessité économique et une condition d'épanouissement personnel. Mais cette revendication entre elle-même en tension avec l'expression parfois violente d'une frustration sociale, nourrie d'une perception des inégalités socio-économiques, d'un sentiment de relégation. Les oppositions sont nombreuses, entre pauvres et riches, urbains et ruraux, régions et Île-de-France. Il n'est, à ce titre, pas anecdotique que le mouvement des Gilets Jaunes se soit cristallisé autour de la question du carburant, ressentie au départ comme une altération au pouvoir économique des ménages et comme une restriction à la liberté de déplacement, pour agréger, dans un second temps, des colères et revendications hétérogènes, et par la suite des groupes sociaux très divers.

---

[1] Wolton, Dominique. « Mur, frontières et communication : l'éternelle question des relations entre soi et les autres », *Hermès, La Revue*, vol. 63, no. 2, 2012, pp. 207-211.

Au-delà de l'actualité sociale brûlante, les raisons qui ont conduit Europa à choisir ce thème tiennent aux différents champs disciplinaires qui seront abordés. Depuis 2015, on assiste, en France, à une redistribution des rôles en matière de transport et de mobilité. La loi portant nouvelle organisation territoriale de la République (dite loi NOTRe) remodifie profondément les compétences en matière de mobilité : les compétences des départements sont transférées aux régions ; les schémas régionaux d'intermodalité sont intégrés dans des schémas régionaux d'aménagement développement durable et d'égalité des territoires, les fameux SRADDET ; les périmètres de transport urbain ont disparu de fait de la possibilité offerte aux autorités organisatrices de la mobilité d'organiser des transports non urbains au sein de leurs ressorts territoriaux ; et enfin, le projet de loi d'orientation des mobilités a pour objectif de réduire, sinon de faire disparaître, les « zones blanches de la mobilité » (pour reprendre le mot de la ministre Elisabeth Borne) à l'intérieur desquelles les habitants sont assignés à résidence s'ils n'ont pas de voiture. Pour ce faire, le projet de loi invite, dès le 1er janvier 2021, à ce que les communautés de communes soient chargées de la compétence de l'organisation de la mobilité. Au-delà de ces questions de compétences, le sujet est le retour au territoire, interrogé par la question des transports et de la mobilité.

La place des citoyens dans la définition d'une politique des transports constitue un autre point d'attention sur lesquels s'attacheront les experts aujourd'hui. Cette nouvelle place doit être vue en relation avec la révolution des usages : covoiturage, autopartage, vélos, trottinettes, navettes autonomes, câble aérien, transport fluvial… sont autant de nouveaux modes de déplacement. Il faut réfléchir à la manière d'associer le citoyen à la politique des transports, et à la manière de s'inspirer de son expérience d'utilisateur.

Il conviendra aussi d'analyser le rôle des acteurs porteurs des ruptures technologiques qui dessinent déjà les contours des transports de demain, bouleversant le schéma traditionnel.

L'interventionnisme de la puissance publique consistait jusqu'ici à une activité de planification, de réalisation des infrastructures et des réseaux de transports, de règlementation et de régulation. Aujourd'hui, quel rôle jouera la puissance publique dans un secteur où les acteurs privés sont appelés à jouer un rôle central ? Cette redéfinition des attributions toucherait autant à la définition des solutions technologiques mises en œuvre qu'aux financements de ces réalisations.
Enfin, on notera que ce thème des transports entre en résonnance particulière avec Europa. Il résonne avec une manière de circuler, de voyager, qui constitue pour l'être humain un réflexe primordial : sa condition est d'aller explorer, valoriser des espaces toujours plus nombreux et lointains. Se déplacer ouvre la voie aux métissages, aux échanges techniques, économiques, qui font aujourd'hui notre richesse. Ce regard porté sur la circulation des hommes est au cœur des débats de ce colloque, et Europa l'illustre, lui qui s'attache à ce que, chaque année, des experts européens se retrouvent pour échanger leurs points de vue. La raison d'être de ce colloque est de faire bouger les gens et partager les idées qui les animent.

Cédric GRAIL

Directeur adjoint de la direction générale des infrastructures du transport et de la mer

Le sujet des transports est passionnant et tout à fait d'actualité. Ce lundi, en conseil des ministres, le projet de loi mobilités a été présenté par la ministre Elisabeth Borne. Retour au territoire, gouvernance, association des citoyens, nouvelles mobilités, ruptures technologiques, enjeux de régulation, qui viennent d'être mentionnés, sont des thèmes présents au ministère des Transports et constituent une préoccupation du gouvernement.
Depuis dix-huit mois, la DGITM travaille sur ce sujet des territoires peu denses, de la circulation et de l'innovation que l'on peut y apporter pour constituer de nouvelles solutions de mobilité. C'est un engagement du président de la République que de travailler sur ces transports de façon différente. Le lancement

opérationnel de cette politique intervient début juillet 2017 avec l'inauguration par Emmanuel Macron de deux LGV à Rennes, où il annonce la nécessité de réfléchir autrement sur les transports (un thème déjà présent dans son programme de campagne).
Cette nécessité proclamée par le président Macron a deux conséquences principales : la mise en pause des grands projets, ce qui n'empêche pas de régénérer les réseaux, notamment routiers ; et l'engagement de moyens, financiers mais pas seulement, sur les nouvelles mobilités, les transports du quotidien. Cette volonté se traduit par un travail profond des Assises nationales de la mobilité (19 septembre – 13 décembre 2017, conduits par Elisabeth Borne), avec des concertations citoyennes dans cinquante territoires, faisant intervenir des citoyens et des experts et menant déjà à des propositions. Ces travaux de réflexion débouchent sur une loi (réflexe français, certes ; mais, dans certains sujets, il est impossible de ne pas définir de cadre juridique ; la question des gouvernances implique de réfléchir à une manière de définir les responsabilités sur le territoire ; la question technologique nécessite également un cadre juridique, notamment dans l'articulation de la data transports et du gouvernement européen) et un programme, nommé « french mobility » (l'emploi de l'anglais suscite des critiques, mais on le changera peut-être), permettant de rechercher des solutions sur les territoires.
La loi a pour but principal, dans l'esprit de ses concepteurs (le ministère et un nombre d'acteurs, élus, parlementaires, territoriaux), de traiter d'une question encore vierge : les mobilités dans les territoires peu denses. Il faut réduire la fracture territoriale ; savoir comment on s'organise à l'échelle d'un territoire et déterminer qui est responsable pour proposer de nouvelles solutions de mobilités. La loi NOTRe, en effet, répartit de nouvelle manière les compétences, mais pose aussi de nouveaux problèmes, puisque toutes les communes rurales sont AOM (autorité organisatrice de la mobilité), mais n'en ont pas toujours la capacité (financière, en particulier s'il faut organiser des services réguliers de transports, et technologique, en raison

de l'ingénierie nécessaire au développement des nouvelles mobilités). Dans la loi, et nous y reviendrons, la question de la régulation doit être pointée. Les problèmes spécifiques aux vélos parisiens ou lyonnais, sans attache, ou à l'encombrement des trottoirs par les trottinettes, sont évidemment propres à quelques territoires, mais pas à tous.

La loi comporte 44 articles et vise à traiter des nouvelles mobilités ; c'est à la fois une loi d'orientation et une loi programmatique. Un rapport annexe définit les programmes (13 milliards d'investissement sur la totalité du mandat, ce qui constitue une augmentation considérable de 40% par rapport au mandat précédent) ; une volonté d'aller là où on n'est pas allés suffisamment : entretien des réseaux existants, désaturation des nœuds ferroviaires, désenclavement d'axes routiers de villes moyennes, et soutien aux mobilités propres, actives et partagées. C'est le sujet le plus compliqué.

French mobility, le deuxième point élaboré par les Assises nationales de la mobilité, est un plan sur deux ans. Son élaboration découle du constat que, quand des opérateurs privés ou des start-ups veulent vendre de l'innovation dans des territoires, ils ne savent pas s'y prendre car ils n'ont pas la méthode et que le marché est éclaté. Quand les collectivités locales et les AOM veulent acheter de l'innovation, elles se heurtent, elles aussi, à des difficultés liées au code des marchés publics. Tous les territoires français sont pourtant riches d'innovations et d'expérimentations. Les élus et les territoriaux doivent avoir un outil pour connaître ce qui se passe dans les autres régions. Le plan d'action *French mobility* compte une quinzaine de points, parmi lesquels une plate-forme en ligne permettant à ces élus et territoriaux d'échanger leurs solutions ; ainsi que des procédés pour accompagner les collectivités locales à mettre en place de nouvelles mobilités, en accord avec la redistribution des compétences décidée par la loi. Ce dernier point, le plus difficile à mettre en œuvre, est pourtant majeur. Il faut trouver des solutions plastiques d'ingénierie sur les territoires pour booster ces solutions de mobilités.

Jean-Baptiste DJEBBARI

Député de la Haute-Vienne, rapporteur du projet de loi pour un nouveau pacte ferroviaire

Les questions de transport sont importantes à l'échelon national et local ; il convient également de s'intéresser aux aspects plus techniques. Chargé de coordonner la loi d'orientation et de mobilité pour le groupe majoritaire, je vais vous en citer les cinq items d'intérêt :

La gouvernance est le premier thème à soulever ; le besoin d'en parler part du fait qu'un Français sur quatre refuse un emploi faute d'une solution de mobilité ; seulement 20% des territoires sont réellement couverts par une autorité d'organisation des transports ; cela correspond à 80% de la population, il reste donc une partie de la population qui ne bénéficie pas de ces services. Par ailleurs, un article d'Aurélien Delpirou paru la semaine dernière rappelle que 20% des Français ne sont pas motorisés. Il faut donc organiser la mobilité en France de manière homogène ; un travail d'ingénierie devra être mené par le biais de l'Agence nationale de cohésion des territoires.

Un deuxième volet à étudier est le rôle pris par le numérique dans la mobilité et les transports (scooters électriques, véhicules électriques)… il faut faire cohabiter leurs utilisateurs et les piétons. Il en découle naturellement la question de l'ouverture aux données, de l'accès aux données, afin que demain nous puissions tous nous transporter de porte à porte en utilisant une seule plate-forme, une seule application, et donc un seul paiement. C'est un beau concept qui implique un gros travail de régulation ; il faut éviter le risque GAFAM, qui pourrait être le mieux outillé pour cette idée. Il faut éviter que les données soient récupérées par des plateformes qui ne sont pas des plateformes de transport, et qui capteraient donc la valeur ajoutée. En matière numérique, des principes doivent donc être fixés dans la loi, et une ingénierie fine doit être déployée.

Un troisième thème, plus écologique, est celui des mobilités propres : comment fait-on la transition vers des véhicules plus propres, quelle stratégie peut-on développer par rapport aux véhicules électriques ? Ce sont des questions fréquemment posées, mais qui deviennent plus complexes une fois qu'on les articule avec les problématiques d'aménagement du territoire, d'habitat collectif ou individuel, de modèles économiques de stations-services… Des discussions scientifiques et politiques doivent être menées.

La loi comporte également un volet de simplification et de mesures diverses : sécurité routière, stratégies portuaires, maritimes et fluviales… Ce volet recouvre le sujet du fret ferroviaire, particulièrement important.

Il convient en dernier lieu de se pencher sur la question du financement : quelle action mener pour le désenclavement des territoires ruraux, pour la désembolisation des métropoles, la désaturation des nœuds ferroviaires ? Et surtout, comment la financer ? 13,4 milliards vont être mis dans cette action, ce qui correspond à 40% de plus que ce que faisait le gouvernement précédent.

Un mot politique également : renoncer à l'écotaxe (1,2 milliard) implique de se demander comment on va financer les 500 millions supplémentaires nécessaires pour régénérer et entretenir les routes. Le recul politique n'est jamais honteux, mais les conséquences sont toujours présentes. Le pire, ce serait une loi des mobilités ambitieuse, mais décevante dans ses financements et ses projets concrets dans les territoires.

La place des citoyens est capitale. Il faut faire la vérité sur les coûts, ce qui n'a jamais été fait, il faut leur dire la vérité.

Karine GLOANEC-MAURIN

Députée européenne de la circonscription du Massif Central

Le présent colloque se tient dans le cadre de l'intergroupe du Parlement Européen bien commun et service public, dont je copréside les destinées. Cet intergroupe, mis en place par mon prédécesseur Jean-Paul Denanot, dont le travail et l'action sont bien connus dans le réseau Europa, rassemble différentes sensibilités politiques du parlement européen. Il a pour vocation de questionner tous les aspects du service public relevant de la

notion de Service d'intérêt général (SIG, selon l'appellation en vigueur au niveau européen) ; les transports et la mobilité font partie de ce territoire d'investigation pour donner corps et matière à la liberté de circulation qui se trouve aux fondements de la construction de notre espace commun européen.
Les enjeux sont multiples et seront explorés par les différents intervenants : aménagement du territoire et développement économique, prise en compte des questions environnementales et énergétiques, financement des infrastructures sous contrainte budgétaire, égalité d'accès et désenclavement des territoires ruraux et isolés ; interopérabilité des modes de transports ; qualité de l'offres ; et tarification abordable. L'Union européenne essaye d'articuler ces points tout en tenant compte du poids économique du secteur des transports en Europe. Le sujet fait régulièrement l'objet d'avis du Parlement européen, comme le montrent les deux derniers textes adoptés lors de la plénière du mois de novembre sur la réduction de l'émission des gaz à effet de serre dans la construction automobile ; et les droits et obligations des voyageurs ferroviaires.
Cette journée sera une étape importante dans notre réflexion.

Pierre MASSY
Président de la Chambre de commerce et d'industrie de Limoges et de la Haute-Vienne
Notre monde change, il évolue sous nos yeux à vitesse grand V ; de nouveaux modes de transports et de communication apparaissent pour relier entre eux nos territoires, leurs économies, et évidemment leurs citoyens. La Haute-Vienne compte 12 000 entreprises, entrepreneurs de talent, innovants, avec des savoir-faire reconnus, qui ne peuvent plus rester de simples observateurs de ces évolutions. L'attractivité de la Haute-Vienne est entièrement liée à son désenclavement. L'attentisme et les tergiversations ont trop longtemps freiné les projets ferroviaires et routiers indispensables à notre territoire. Il est toujours temps d'aller de l'avant.

Je porte avec conviction le projet de l'A 147 Grand Ouest, une autoroute concédée entre Limoges et Poitiers. C'est le moyen de rendre cet itinéraire enfin fluide, sécurisé et moderne. L'autoroute permettrait aussi de développer les entreprises et d'en attirer de nouvelles. Cette autoroute, connectée au reste du réseau routier, est indispensable. La route nationale 147 actuelle, que nous connaissons, est un des axes structurants majeurs de l'ouest de la France, et, de ce fait, de l'ouest de l'Europe. Elle constitue le trait d'union entre le réseau routier et autoroutier de la façade atlantique vers l'est de notre pays et de l'Europe. Elle permet de connecter les axes nord-sud de la route des estuaires, de l'A28 Rouen-Niort via l'A10, et de l'A20 Paris-Toulouse. Au niveau régional et local, elle irrigue l'intérieur des territoires poitevins et limousins. C'est un itinéraire routier stratégique ; c'est ainsi que l'Etat, dans un rapport récent, l'a classé.
La N147 telle qu'elle existe aujourd'hui souffre de trois grands maux : sa dangerosité (c'est la troisième route la plus accidentogène de France), sa densité de circulation et le mauvais état de ses chaussées.
L'autoroute concédée entre Limoges et Poitiers répondra à cette problématique, en récupérant la moitié des 8 000 véhicules légers qui empruntent au quotidien la RN147, et 70% du trafic poids lourds. Outre la sécurisation du projet, cette autoroute renforcera l'attractivité économique et touristique du territoire.
On dit parfois que le désenclavement routier ne serait pas un facteur de développement. Des exemples proches attestent pourtant du contraire. En Corrèze, Egletons (5 000 habitants) a vu la fréquentation de ses écoles (3 000 élèves, étudiants et stagiaires) exploser, et les zones d'activité industrielle se remplir ; 60 millions d'euros viennent d'être investis et sont en cours d'investissement dans ces établissements pour les régénérer et continuer à accueillir les nombreux demandeurs. Des centaines d'emplois ont été créés et préservés. De même, Brive et ses zones d'emplois ont été développées : là aussi, plusieurs centaines d'emplois ont été créés ou préservés.

Tout cela a eu lieu, et c'est une évidence, grâce à l'impact positif de l'autoroute 89. Personne dans ces territoires de Corrèze n'imaginerait plus sa vie sans ce moyen de communication. Il est incompréhensible que les bassins d'emplois et de communication que sont Limoges et Poitiers restent à l'écart des grands projets routiers nationaux et des grands projets de communication.

Les coopérations universitaires, les coopérations médicales, les coopérations entre les chambres consulaires sont autant d'axes à développer. La qualité des infrastructures de transport est une des clés d'attractivité de nos territoires ; les choses, heureusement, semblent enfin évoluer positivement.

Le premier comité de pilotage de l'étude de faisabilité de l'autoroute 147 Limoges-Poitiers, demandé par la ministre le 16 juillet, s'est tenu à Limoges, en préfecture, le 15 octobre dernier. Ce projet, porté par les trois chambres consulaires de la Haute-Vienne, par plus de 1 700 chefs d'entreprises, a obtenu le soutien de nombreuses personnalités : le député Djebbari, acteur majeur de ce dossier ; le président du conseil régional Nouvelle-Aquitaine Alain Rousset et le maire de Limoges, le président de Limoges-Métropole, les CCI et Chambres d'Agriculture de la Vienne, et bien d'autres encore. La coopération se renforce donc. Pour la première fois depuis des lustres, un consensus voit le jour entre Vienne et Haute-Vienne. Le travail de conviction entrepris et notre détermination permettront à notre territoire de s'insérer et de se dynamiser dans son environnement régional. C'est une immense avancée, mais il nous faut rester mobilisés pour que cette autoroute devienne une réalité.

En effet, contrairement à ce que certains pensent, nous ne pouvons pas compter uniquement sur la puissance publique. Des contraintes budgétaires fortes s'imposent aux pouvoirs publics pour des dizaines d'années. Une autoroute concédée est donc la seule solution économiquement viable. La mobilisation de fonds privés est un processus souple et sécurisé ; c'est le choix de l'efficacité, du pragmatisme et de l'intérêt général.

Notre désenclavement passe aussi par l'amélioration des dessertes ferroviaires. Depuis des années, la qualité de service régresse considérablement. Il faut aujourd'hui plus de temps pour effectuer un trajet Limoges-Paris ou Paris-Limoges qu'il y a trente ans. Trois heures trente ou quatre heures sont des temps habituels, dans des conditions parfois totalement inadmissibles voire indignes, sans parler des pannes et incidents divers, quand ce ne sont pas des trains purement et simplement supprimés.

Après le mauvais coup porté à la LGV, il faut se remobiliser pour remettre le département sur les rails de la mobilité. C'est une nécessité pour attirer à Limoges des entreprises, donc de l'emploi et de la consommation.

En tant que président de la CCI, je n'oublie évidemment pas l'aéroport dont nous assurons l'exploitation. Au cours des dix dernières années, nous avons connu une baisse de fréquentation de nos lignes intérieures, passée de 110 000 à 25 000 passagers. Le désintérêt des compagnies aériennes, la pratique de coûts exorbitants, nous ont entraînés dans un gouffre. Cette tendance devrait pourtant s'inverser, le gouvernement ayant lancé en juin dernier des OSP (obligations de service public) vers Lyon et Paris, qui devraient créer une dynamique favorable pour renforcer l'attractivité de notre aéroport.

Ces OSP et les DSP qui en résultent garantiront aux passagers, dont une majeure partie de clients d'affaires, une meilleure qualité de service avec des appareils plus grands, plus confortables, et des coûts de billets raisonnables.

En 2017, la fréquentation de l'aéroport progresse de 6,7% avec près de 310 000 passagers. L'ouverture de nouvelles lignes devra permettre de poursuivre cette dynamique et d'envisager plus sereinement l'avenir.

Géré par la CCI, l'aéroport est un outil essentiel de développement économique et touristique, qui ouvre notre département et notre territoire vers le reste du monde.

Le numérique n'a pas été abordé pour le moment, mais le sera dans les autres communications. Nos entreprises y sont en tout cas sensibilisées. Notre territoire, nos entreprises et nos universités doivent évidemment être connectées, ce qui est nécessaire et vital. Je reste optimiste quant au potentiel de développement économique de notre territoire.

Gérard VANDENBROUCKE

Président de l'agglomération Limoges Métropole, premier vice-président de la région Nouvelle-Aquitaine

Les sujets traités aujourd'hui ont été choisis avec une certaine témérité, ce dont il faut se féliciter. Un nombre incalculable de débats et de colloques, parfois très animés, ont rempli cette salle, et en particulier sur le thème de la mobilité et autour de la LGV. Il s'agira donc de repositionner le sujet dans son contexte temporel et politique, et de l'aborder de manière ouverte et nouvelle, au regard des décisions qui sont en train de se prendre. La mobilité est celle des personnes comme celle des idées, ce qui nous renvoie donc au débit et au très haut débit.

Il est réconfortant, dans un monde où les choses vont vite, où les mécanismes de l'actualité font qu'une information en chasse une autre, de se poser un peu et de réfléchir avec des experts de grande qualité. Nous croiserons des thèmes que nous avons déjà abordés, en particulier le fait que, si le Limousin est enclavé, cela peut être aussi un avantage, ce à quoi il ne croit absolument pas, même si on peut tirer des avantages de toute situation difficile.

Aujourd'hui, plus que jamais, les mobilités constituent un sujet politique ; elles reposent sur les collectivités territoriales et sur les EPCI ; c'est à ce double titre que seront ici délivrées quelques pistes de réflexion.

Les élus locaux, régionaux ou communaux, se sentent responsables de ce sujet, à un moment (et M. Djebbari dira sans doute le contraire) où il apparaît que l'Etat se désengage un peu trop. Nous ne sommes pas ici pour faire des joutes de politiciens : le projet de loi présenté par la ministre de la transition énergétique en début de semaine illustre assez bien ce phénomène où l'on voit se recycler des promesses déjà faites depuis longtemps – et, si on les recycle, c'est qu'elles n'ont pas été tenues par d'autres gouvernements – on saupoudre quelques millions sur un territoire et on n'avancera pas beaucoup.

L'histoire jugera, et nous dira quelles décisions ont été efficaces. Notre territoire attend depuis trente ans des décisions suivies d'effets, et est baladé de projets en projets dont on ne voit que des épiphénomènes de réalisation. Il est grand temps de trouver des solutions opérationnelles.

Quels qu'aient été nos ambitions et nos enthousiasmes, il est évident que nous n'avons pas recueilli le fruit de tout le travail mené par la région. Il faut donc avoir l'optimisme de la volonté, mais pas celui de la naïveté. Pour assurer le désenclavement de la région, il faut se lancer dans toutes les directions dans lesquelles nous pouvons avoir un poids.

On a parlé des aéroports : rappelons que la desserte de l'aéroport est possible parce que la région finance à près de 50% l'aéroport. C'est une volonté du président Rousset que de rappeler le caractère indispensable de l'aéroport, et d'utiliser pour l'aéroport de Limoges un statut dérogatoire par rapport au statut des autres aéroports de la région.

Pour ce qui est du désenclavement routier, la région ne tourne pas le dos au problème, même si, par le fait de la loi NOTRe, elle n'a pas de compétence en matière routière. Or les travaux de désenclavement vers Bordeaux se poursuivent (RN141), en particulier entre Angoulême et Bordeaux, et entre Limoges et Angoulême. Un avenant a été acté : la région intervient pour 24,2 millions d'euros dans ce domaine.

C'est prioritairement l'A147 Limoges-Poitiers qui nous préoccupe aujourd'hui ; malgré des engagements pris depuis longtemps, le projet est encore lent. La communauté d'agglomération décide de contribuer au financement, même si ce n'est pas dans ses compétences. Les financements sont aujourd'hui insuffisants et il faudra trouver des solutions : Pierre Massy a évoqué l'autoroute concédée, Alain Rousset l'a entendu. Le département est aujourd'hui plutôt fixé sur le format 2x2 voies : on en connaît les difficultés financières, et il faut trouver des solutions pérennes. La 2x2 voies doit être développée davantage que dans les simples secteurs de dépassement.

Limoges est la deuxième agglomération de la grande région, il lui faut absolument ce développement routier.
Du côté des rails, on a mis beaucoup d'argent dans le développement ferroviaire, mais on a l'impression que ces fonds ne servent pas à grand-chose : on a aujourd'hui des lignes fermées (Limoges-Angoulême), des lignes en piteux état par défaut d'entretien malgré les financements. Il est évident qu'on ne pourra pas tergiverser davantage sur ce point.
Il y a enfin le POLT (Paris-Orléans-Limoges-Toulouse), dont on parle à nouveau beaucoup : 500 millions ont été signés entre la région et le président Hollande en contrat de plan Etat-région, et 500 autres millions été promis. Mais cela ne remplacera jamais une LGV qu'on n'aurait jamais dû laisser passer.

Emile-Roger LOMBERTIE
Maire de Limoges
Il y a quelques mois seulement, Mme Elisabeth Borne se déplaçait à Limoges et pouvait mesurer l'intensité de nos préoccupations quant à l'état de nos liaisons à Limoges. Nous avions alors évoqué les risques majeurs qu'entraînerait l'absence de toute action face à l'immobilisme qui a freiné la région. Nous sommes liés par les conséquences de l'enclavement et de l'isolement, à l'heure même où nous parlons de mobilité européenne. N'est-ce pas un paradoxe que de voir Limoges désormais reconnu par des labels de notoriété mondiale, multipliant ses relations avec la Chine, l'Amérique, l'Afrique, la Corée, le Japon, et dans le même temps sous la menace d'un isolement dans sa région, dans son pays et en Europe ? Comment expliquer que nous sommes plus souvent en relation avec le monde qu'avec nos plus proches voisins ? N'est-ce pas paradoxal que nous bénéficions, depuis la semaine dernière, du label « territoire d'industrie » et entrer ainsi dans un dispositif gouvernemental visant à réinsérer les territoires, alors que le territoire hésite à repenser ses voies de communication ? Là est le dilemme entre les mobilités internes et externes, et il en est de

même pour toutes les échelles européenne, nationale, régionale, comme entre une agglomération et ses communes environnantes. Ici, 83% de la population vivant sur les communes environnantes de Limoges travaillent à Limoges. Nous sommes soumis au lien de solidarité et à la maîtrise du développement. Quand on a l'ambition, comme le propose ce colloque, d'une interconnexion à l'échelle européenne, à l'horizon 2050, l'interconnexion entre les territoires d'un pays doit être concomitante. Il ne s'agit pas de la penser sur la base de ce qui existe, mais de l'imaginer pour anticiper les besoins de demain.

Quels seront ces besoins ? La mobilité doit-elle être centrée sur le nouveau mode de vie des citoyens ou sur le développement économique ? Doit-elle être continue ou alternative ? Nous affichons déjà des retards dans la connexion de nos territoires entre eux. Si nous ne prenons aucune mesure rapide, ce retard aura des incidences irréversibles. Elles commencent à être économiques et sociales, elles seront démographiques – et elles commencent à l'être. Au risque de noircir le tableau, c'est la notion même de territoire habité qui disparaîtrait. Nous ne parlerions plus que de plate-forme ou de nœud de connexion, au détriment de creusets économiques, sociaux ou culturels. Nous devons donc agir avec intelligence et détermination. Nous avons devant nous plusieurs logiques d'avenir ; il est des enjeux humains, de politique publique, et d'orientation économique. Devraient-ils s'opposer, se juxtaposer ou se fondre ?

En économie, une logique prédomine aujourd'hui, quoique battue en brèche par la récente déclaration du directeur président de Michelin : celle du temps, et de son accélération ; il faut réduire le temps puisqu'il est constitutif de productivité. Nous sommes dans l'américanisation à outrance, *Time is money*. La logique du débit et de la multimodalité qui garantit les jonctions de la fluidité, la ponctualité, et la régularité, qui assurent la rentabilité ; les logiques de droit : le droit à la mobilité sera-t-il opposable, comme l'est aujourd'hui le droit à la connexion ou le droit à l'information ? Faudra-t-il, comme il est de coutume désormais en France, opposer la loi au droit des citoyens ? Faudra-t-il opposer les uns contre les autres les automobilistes contre les usagers des transports en commun ? Notre société, qui jusqu'à peu, avait l'intelligence de toujours s'adapter pour mieux évoluer, est aujourd'hui handicapée, parce qu'elle judiciarise, règlemente, contingente, communautarise : en un mot, elle sépare, elle séquestre, elle isole. Nous devenons des obsédés textuels : 3 000 lois en dix ans !

Le droit n'a jamais créé les droits : il ne fait que les définir. Les logiques politiques ou humaines sont autres. Elles doivent pouvoir garantir la liberté de se déplacer aisément quel que soit son lieu de résidence ; l'égalité entre les citoyens à pouvoir accéder en tous lieux, dans les mêmes conditions, et en sécurité.

Deux simples exemples : pour assister à une réunion de travail à Paris à dix heures, vous pouvez partir chez vous de bonne heure depuis Bordeaux, Angoulême, Lyon ou Marseille, vous serez à l'heure. Pour Limoges, il faut prendre la voiture ou partir la veille ; si vous partez la veille, vous n'êtes pas sûrs de pouvoir arriver, il faut prendre une chambre d'hôtel, et vous n'êtes pas sûrs de pouvoir partir si vous êtes arrivés.

Il en est de même quant aux divergences au sein de l'Europe. Nous venons de signer la charte en faveur de la citoyenneté européenne ; mais on ne comprend toujours pas pourquoi l'Allemagne taxe les poids lourds et pas la France, pourquoi il est permis aux constructeurs européens de contourner les normes techniques et sociales en France, créant ainsi une concurrence déloyale.

Rentabilité, productivité, ponctualité, fluidité, liberté, égalité, sécurité : au travers de ces simples exemples, rien n'est équitable. Ces nouveaux espaces que nous créons en favorisant tel ou tel centre économique doivent permettre aux territoires qui les entourent de rayonner et non d'en pâtir. C'est donc bien une approche globale, reposant sur des valeurs mais aussi sur les évolutions sociétales, qui doit présider à nos travaux, avec une vision stratégique qui dépasse l'organisation administrative des pays

Soyez vigilants dans la lutte contre les fractures territoriales et sociales et ne laissons plus le monopole décisionnel à un seul, au risque de se voir spectateur des choix d'exploitation, qui viendront contredire ou annihiler les efforts locaux pour de simples raisons de gestion budgétaire.
En termes de services aux citoyens, la recherche des équilibres financiers devrait être globale et non locale. Notre modélisation, jusqu'ici, n'a jamais recherché autre chose que la concentration des moyens autour des plus grands dénominateurs communs. Cela contraint, oblige et finalement éteint les ambitions locales.
Nous, responsables de la politique locale, sommes des observateurs privilégiés des modifications sociétales, des modes de vie délibérément choisis par nos concitoyens. Notre rôle est d'adapter les services à ces nouveaux modèles et non de les ignorer, au risque d'imposer des services inaptes. Les télétravailleurs, les navetteurs, les covoitureurs, trouvent-ils aujourd'hui autour d'eux les choix de mobilité adapté ? Il semble que non. Les maigres facilités mises en place ne sont que le fruit d'un constructivisme empirique et uniquement fonctionnel. Le mouvement des gilets jaunes nous renvoie à la figure cette problématique qui touche avant tout le monde périurbain et rural. Il est donc essentiel que tant le secteur privé que le secteur public, tant les chefs d'entreprises que les collectivités territoriales, tant les citoyens que l'Etat (dans toutes ses composantes : l'Etat, c'est nous !), doivent concentrer leurs intelligences et œuvrer ensemble. Ce travail doit intégrer la préservation de l'environnement.
Limoges, la deuxième ville de la grande région, n'est reliée qu'à une autoroute, l'A20, inaugurée en 1992 ; elle n'est desservie par aucun TGV. Rappelons à ce propos le mot du sénateur Robert Laucournet : « comment veux-tu que nous conceptualisions dans ce département nos relations avec l'Europe alors que nous ne sommes même pas capables de conceptualiser nos relations avec la ville d'à côté ? ».
J'espère beaucoup de cette rencontre. Nous devons avoir des ambitions pour porter des réflexions vers l'organisation de

demain. En 1986, Jacques Chirac a proposé la LGV et, scandaleusement, nous avons tout mis en œuvre pour la refuser.

Alain CELERIER
Président de l'Université de Limoges
Europa et l'Université de Limoges, c'est une longue histoire. Le sujet d'aujourd'hui intéresse particulièrement l'Université en tant qu'utilisatrice de ces moyens de transports : deux tiers de ses 16 500 étudiants viennent d'autres académies ; 14% vient de l'étranger. Ce sont des utilisateurs de transport pour lier leur lieu de vie et leur lieu d'études. L'Université emploie aussi 1 900 personnels dont 1 200 chercheurs et enseignants qui doivent sillonner le monde pour faire avancer la recherche. Certes, le numérique raccourcit les distances et le temps. Mais il ne fait pas tout, et on a besoin de moments de rencontre en vrai pour que les gens échangent leurs idées.

L'Université est donc grande utilisatrice de transports, dans les conditions médiocres que l'on sait et que l'on vient de rappeler.

L'autre terme du jour, c'est l'innovation, que l'on peut lier à la recherche. Ces innovations sont de trois ordres : technologiques, sociétales et juridiques.

Une table ronde de l'après-midi sera consacrée à ce volet des innovations technologiques ; on verra en quoi les universitaires sont intéressés par ces moyens de transport qui constituent une véritable rupture ; on se penchera en particulier sur la question de l'hyperloop. Pour un universitaire, se pencher sur ce type d'innovation et apporter sa contribution est particulièrement motivant, même en sachant que les tests ne seront pas forcément concluants.

Dans le domaine sociétal, on peut penser aux nouvelles habitudes qu'induit l'usage de la trottinette et du vélo électriques en centre-ville, qui modifient la perception que l'on doit avoir des centres-villes, et posent des questions à ceux qui sont chargés de l'aménager. Nos collègues géographes et sociologues ont du travail de modélisation et de recherche d'adaptation de ce côté-là. Blablacar, covoiturage, bouleversent la société, constituant

autant de sujets d'étude pour les chercheurs. Le projet d'école universitaire de recherche à Limoges peut être lié, lui aussi, à ces questions.
Juridiquement enfin, des innovations sont nécessaires pour savoir comment traiter les nouveaux modes de transports, en particulier quand ils présentent des innovations techniques majeures.

Hélène PAULIAT
Présidente de l'Association EUROPA
Le but est davantage d'échanger des idées que d'élaborer un modèle. Il n'existe pas de modèle en Europe ; chaque Etat a ses spécificités et sa culture. Il vaut mieux trouver des bonnes pratiques, des solutions, en comparant avec celles qu'ont trouvées d'autres territoires que les nôtres, avec peut-être d'autres reculs, d'autres méthodes, d'autres techniques. Parfois, il s'agira aussi de repérer les erreurs à éviter.
En matière d'action publique, ce sont les mutations et les ruptures que nous connaissons le mieux. Les questions que l'on traitera nous poussent à aborder d'une autre manière la conception même de l'action publique, du service public qu'il s'agit peut-être de repenser sans en déformer les principes fondamentaux. Le service public, actuellement, qui a fait la cohésion de nos territoires, est sans doute pour une partie à réinventer, ou en tout cas à prolonger, en accord avec les citoyens et dans une logique de participation pour tenir compte de la pluralité des acteurs. C'est en effet à partir de cet ensemble-là que l'on doit prendre conscience que la puissance publique n'est plus seule à intervenir, même si, *in fine*, c'est elle qui délivre le fameux label. Est paru ce matin au Journal officiel un décret relatif au transport urbain de personnes, qui modifie le code de la route en donnant une définition non seulement de la navette urbaine, mais également du train urbain, ce qui n'apparaissait pas jusqu'alors. Le décret amène à revoir des définitions, justement pour assurer la continuité et la cohérence de nos territoires.

Je tiens à saluer la fidélité de nos collègues européens, qui, malgré les aléas et les difficultés (de transport !), viennent tous les ans à Limoges pour notre colloque.

Chapitre 1

D'un droit des transports à un droit de la (des) mobilité(s) en Europe

Quelle stratégie ?

Jean-Baptiste DJEBBARI
Député de la Haute-Vienne,
Rapporteur de la loi d'orientation et des mobilités

Je souhaiterais revenir sur deux points évoqués dans les premières discussions.

Pour ce qui est de l'aéroport, on a parlé de financements et d'infrastructures, mais pas suffisamment de stratégies. Dans cette région, pourvue de onze aéroports, la stratégie doit être élaborée par elle-même, et non pas dériver du financement. La réalité que l'on veut adresser est évidemment mouvante, en particulier du point de vue sociologique (qui utilise l'avion et pourquoi).

Pour ce qui est de la RN147, il faut dire la vérité sur les moyens de l'Etat. Sur un axe tel que Limoges-Poitiers, on sait qu'une 2x2 voies est 1 milliard d'euros. Or, le budget en France de désenclavement routier des territoires est d'un milliard. Cette simple raison budgétaire fait que nous n'aurons donc pas de RN Limoges-Poitiers en 2x2 voies. L'axe 2x2 voies est une solution adaptée, mais elle ne doit pas être portée sur fonds publics. L'exercice qui doit être fait dans les prochains mois, c'est d'assumer la réalité factuelle (quelles sont les finances disponibles), la conséquence (le prix payé par l'usager), et de prévoir l'acceptabilité sociale de ce type de transport.

La politique d'infrastructure de l'Union européenne

Alexis PADOY
Direction générale transport et mobilité de la Commission européenne

En préambule, je voudrais préciser que j'ai grandi moi-même dans un « territoire » où le seul service public de transport est le service de bus scolaires, où le seul moyen d'aller acheter son pain est de prendre la voiture et où beaucoup de personnes âgées ont besoin de se faire conduire par des gens qui possèdent une voiture. Je ne suis pas originaire de votre région, mais les préoccupations sont les mêmes.

Le but de cette communication sera d'apporter la vision européenne, la vision de la commission, et de dire comment est envisagée la politique d'infrastructure de l'Union Européenne.

La Direction générale des transports est une direction générale de la commission comptant plusieurs centaines de personnes. Elle adopte une approche modale ; on travaille en législatif et en *soft measures*, dans tous les domaines : routier, maritime, portuaire, aérien. La Direction adopte également une approche transversale à travers différents axes : développement d'infrastructures ; décarbonisation (une des priorités) ; droit des passagers et questions sociales ; recherche et innovation ; multimodalité ; digitalisation (mettre en place les cadres nécessaires à ce développement) ; mobilités urbaines ; sûreté (surtout en contexte d'attentats) ; relations internationales (promouvoir nos standards, surtout techniques, dans un cadre de stratégie industrielle ; relier l'Union aux pays tiers : pays de l'est, Balkans, à la Turquie, à l'espace méditerranéen).

Pendant longtemps, la politique européenne des transports s'est articulée autour de trois piliers : sécurité (sûreté, droit des passagers) ; règles d'organisation du transport (organisation du marché, ouverture à la concurrence avec l'idée de mettre en place un véritable espace européen unique de transports sans barrières) ; et interopérabilité (mise en œuvre aux frontières. Aujourd'hui en Europe, les trains s'arrêtent aux frontières, parfois pendant des heures. On investit donc des milliards dans une infrastructure dont les effets sont ainsi neutralisés par des questions administratives ou d'organisation des trains).

Peu à peu, la politique se tourne vers le développement des infrastructures, avec le réseau européen des transports ; dans les années 1990-2000, on y ajoute la décarbonisation et la digitalisation, la multimodalité et l'innovation.

En ce qui nous concerne, nos priorités sont l'amélioration de la mobilité en Europe au service des citoyens, de la cohésion sociale et territoriale ; le développement économique et commercial du secteur des transports, circulation sanguine de toute l'économie ; la décarbonisation. Le président de la commission a également comme priorité de créer de l'emploi.

La dimension européenne, transfrontalière, irrigue toute la réflexion. L'idée de cohésion sociale et territoriale est à comprendre à l'échelle de l'Europe : il s'agira par exemple de désenclaver les pays baltes, qui ont un écartement de rails différents, ou de désenclaver la péninsule ibérique.

Les objectifs placés par la commission dans le *Livre blanc sur les transports* (2011) étaient extrêmement ambitieux. On y parlait par exemple d'une réduction de 60% des émissions de gaz à effet de serre dans les transports d'ici à 2050, ce qui passe par plusieurs stratégies (rendre les modes de transport plus propres, assurer un report modal de 30% du fret longue distance sur des modes plus propres (rail et navigation intérieure), et 50% d'ici 2050). De nombreux défis se présentent : changements technologiques qui demandent des changements de conditions cadres, défis sociaux non résolus, services de mobilité innovants…

En matière de politique des transports, la commission accompagne le développement des infrastructures, dans le but de mettre en place une véritable programmation de l'infrastructure au niveau européen. La plupart des projets sont déjà nationaux et présents dans les cartons : il s'agit donc pour la Commission d'y apporter une vision européenne et d'organiser ce réseau pour qu'il soit logique au niveau européen. Si nous étions optimistes, nous parlerions de fédéralisme, puisqu'on prend des projets nationaux et qu'on essaye de combler les liens manquants entre les frontières. Les politiques nationales favorisent évidemment les projets nationaux qui ont une plus forte incidence sur leurs propres citoyens, ce qui est un frein à l'action de la commission. Un réseau a été identifié, qui interconnecte toutes les régions de l'Europe, qui devrait être opérationnel à l'horizon 2050, et un réseau central, qui connecte les régions les plus stratégiques, qui devrait être réalisé à l'horizon 2030. « Mettre en œuvre le réseau », ça signifie combler le réseau manquant : le réseau Seine-Escaut pour la navigation intérieure en France, par exemple ; supprimer les goulets d'étranglement ferroviaires autour des villes ; augmenter les standards : généraliser l'ERTMS, système de signalisation européen, dans le domaine ferroviaire ; tout électrifier (la France n'est pas en retard de ce côté-là, mais d'autres pays européens doivent encore être harmonisés).

Pour mettre en œuvre cette politique, on a identifié neuf corridors : ce sont là les axes les plus importants du réseau central, pour les coordonner de manière plus active. Des coordinateurs européens sont chargés de faire travailler ensemble les initiatives nationales et locales pour que les investissements soient coordonnés. Des corridors ont aussi été mis en place dans le domaine ferroviaire, mais leur rôle est beaucoup plus opérationnel ; il ne suffit pas de faire l'infrastructure, puisque les questions administratives sont particulièrement lourdes : douanes avec la Suisse et bientôt avec le Royaume-Uni, changement de conducteur aux frontières impliquant parfois l'arrêt d'un train pendant douze heures à une frontière.

Il y a une véritable complémentarité entre les politiques européenne, nationale et locale. Les petites lignes ont leur importance. On a besoin de financements, mais également du développement d'opérateurs locaux. Dans un contexte de contraintes budgétaires extrêmement fortes, nous faisons également face à des difficultés d'organisation des travaux, qui n'ont pas forcément lieu au meilleur moment de la journée.

Pour compléter tout le réseau central identifié à l'échelle de l'Europe, nous avons besoin d'un investissement de 750 milliards. Si on y ajoute les petites lignes, on arrive à un besoin de 1 500 milliards d'euros à l'échelle de l'Europe.

Un fonds européen, le CEF, prévoit de pallier ces immenses coûts : 25 milliards d'euros. Le fonds européen est donc une goutte d'eau par rapport aux besoins ; c'est pourquoi nous nous concentrons essentiellement sur les grands axes pour ne pas émietter l'argent européen : on commence par les grands axes, et peu à peu, on utilisera l'argent européen pour le réseau plus discret, voire pour les nouvelles lignes.

En France, 101 projets ont cours, correspondant à 2,3 milliards versés par les fonds européens : ce sont essentiellement le rail (800 millions) et la navigation intérieure (le canal Sud-nord, 800 millions) qui s'y illustrent. D'autres possibilités de financement ne sont pas mobilisables pour des projets lourds, mais davantage pour des projets d'intermodalités, parce que la France est un pays « trop riche » pour bénéficier très largement de ces financements. Le Plan Juncker permet des financements en partie privés ; le programme Horizon (15 milliards) est dédié à des projets de recherche et à des partenariats public-privé.

La prochaine tranche financière courra entre 2021 et 2030. La commission propose d'avoir un fonds non plus de 25, mais de 30 milliards d'euros. On est en pleines négociations (les négociations avec les Etats membres et le Parlement européen sont difficiles) ; les trente millions serviraient aux grands axes, mais peu à peu on donnerait plus d'argent au réseau global (réseau plus élargi). On irait également davantage vers ce qu'on appelle le « *soft* » : système de management de trafic, carburant alternatif, automatisation, interopérabilité, tout ce qui permet de lutter contre le changement climatique et plus seulement l'infrastructure lourde.

Du droit à la mobilité à la cohésion sociale

Eric LE BRETON
Maitre de conférences à l'Université Rennes-II
(Centre interdisciplinaire d'analyse
des processus humains et sociaux)

La Loi d'orientation des mobilités a été présentée en conseil des ministres. Elle fait écho, à plus de trois décennies de distance, à la Loi d'orientation des transports intérieurs de décembre 1982 et pourrait fixer comme cette dernière l'a fait, un cadre large et ambitieux au traitement des enjeux importants qui surviennent dans le champ des mobilités.
Nous esquissons quelques remarques sur deux points : les liens entre la mobilité et la cohésion sociale, puis sur la mobilité comme un problème politique.

1. Quand, d'une manière générale, on parle de droit, on évoque quelque chose qui renvoie à la cohésion sociale. Ainsi, quand, en 1968, Henri Lefebvre publie son ouvrage *Le droit à la ville*, il signifie que les questions urbaines sont désormais importantes dans la cohésion sociale, que ce qui advient dans les villes a désormais un impact sur les fonctionnements sociaux d'ensemble. Cinquante ans plus tard, la cohésion sociale repose pour une bonne part sur la mobilité. Cela parce que les territoires de la vie quotidienne se fragmentent et se compliquent. Mais aussi parce que le travail se précarise : le taux de chômage moyen de 9% cache qu'il s'agit de 3% du côté des cadres et de 45% du côté des jeunes de moins de 26 ans de la géographie prioritaire.

Dans ce contexte, la mobilité est un droit social relativement nouveau – en effet, la question ne se posait pas en 1970 puisque la proximité existait encore.

Le droit à la mobilité est un droit fondamental et, plus exactement, un droit générique. Dans une société mobile comme la nôtre, nous devons considérer la mobilité comme le droit des droits. Nous avons tous un droit au logement, un droit à la santé, à la culture, à la formation… Encore faut-il que nous soyons en mesure d'aller jusqu'aux lieux de mise en œuvre de ces droits et, pour ça, il faut être mobile. Dans une société mobile, la mobilité est un droit premier.

Le droit à la mobilité est aussi un droit clinique car il est énoncé dans un contexte où l'on se rend compte que beaucoup de nos concitoyens n'ont pas accès à la mobilité. Entre 2 à 3 Français sur 10, soit une quinzaine de millions de personnes, n'ont, dans les faits, pas de droit à la mobilité, ou n'ont qu'un droit dégradé. C'est le cas d'une partie :

- des allocataires de minima sociaux et de leurs ayants-droit,
- des personnes âgées,
- des personnes en situation de handicap,
- des personnes issues de l'immigration,
- des personnes vivant sur les territoires de la géographie prioritaire,
- et d'une partie des habitants des territoires ruraux et des petites villes en difficulté…

Notion clinique, le droit à la mobilité est aussi une notion stimulante qui va peut-être créer de nouvelles marges d'action. Il va en falloir parce qu'en définitive, son enjeu global est de contrebalancer une dynamique, vieille de cinquante ans, qui a consisté à concentrer toutes les innovations de mobilité sur les cœurs d'agglomérations et sur les armatures métropolitaines : les couloirs du TGV, des autoroutes et des avions qui relient les métropoles. Sitôt qu'on franchit la première couronne, il n'y a plus rien d'autres que la voiture.

2. L'expression de droit à la mobilité intègre l'idée de droit et ce faisant, une valeur est énoncée qui nous positionne dans le domaine politique du projet de société. Quels sont, dans ce registre, les vrais enjeux du droit à la mobilité, appréhendé comme concept et non simplement comme projet de loi ?

Ces enjeux cruciaux s'inscrivent dans une idée de la mobilité comme un problème de société et non plus uniquement comme un problème technique, comme un problème de citoyens et plus seulement d'experts. Je voudrais évoquer quelques débats qui surgissent sur la scène publique et mettent en scène les problèmes de mobilité dans des termes absolument non techniques.

Celui de la mobilité inclusive, question qui occupait une place centrale dans la première version de la Lom, place aujourd'hui restreinte, mais au-delà, c'est la question du travail précaire et plus globalement encore, des transformations du travail : jusqu'où faut-il aller en matière de mobilité dans le travail ? Est-il normal que les salariés les plus précaires soient astreints aux mobilités les plus compliquées ? Doit-on envisager que les salariés passent de une ou deux heures de transport par jour à trois, quatre heures ? Pourquoi pas cinq ou six heures ?

Un autre débat est celui des *gated communities*, de ces espaces résidentiels qui se ferment dernière des murs, des caméras et des vigiles (un tiers des logements marseillais sont fermés derrière des murs), et dont les habitants disent : nous voulons que nos espaces de vie soient préservés de la mobilité ! Ils appréhendent la mobilité comme un risque.

Un autre débat est lancé par des lieux touristiques qui n'en peuvent plus d'être envahis. Venise compte 50 000 habitants pour 30 millions de visiteurs par an. La situation est, dans le principe, identique, en France, autour du forum des halles à Paris ou de la butte Montmartre, de Etretat (Seine-Maritime), du Mont Saint-Michel, de Gordes (Vaucluse) et de bien d'autres sites. Le message est le suivant : nous voulons bien de la mobilité à condition qu'elle soit régulée, maîtrisée…

Un dernier débat prend forme autour de la mobilité en cœur de ville et des conflits d'usage qui émergent quand des voies de circulation automobile sont fermées, quand des péages urbains et des vignettes Crit'air sont institués mais aussi dans le cadre des conflits qui surviennent dans la « galaxie » des livreurs, des VTC et des taxis. Qui a le droit de circuler dans les villes d'aujourd'hui, à quel titre et à quelles conditions ?

Mais des enjeux politiques et citoyens se dessinent dans le domaine de la mobilité virtuelle. Vingt millions de Français utilisent facebook et rencontrent des problèmes graves de divulgation de leurs données privées. Mais leurs relations avec l'entreprise ne sont médiatisées que par un droit complexe et, en cas de problème très grave, par des interventions du gouvernement. Ne peut-on imaginer des représentants politiques de ces utilisateurs comme il existe des député-es représentant les Français de l'étranger ?

Les problèmes qui se posent dans notre société mobile sont désormais politiques et citoyens : comment on fait société dans un monde mobile ? Le droit à la mobilité doit revêtir une définition conceptuelle la plus large et ne pas se limiter aux questions « classiques », entre autres, de financement des transports, de périmètres d'interventions et de multimodalité.

Jean-Baptiste DJEBBARI

M. Le Breton a pris le sujet de manière presque philosophique. Il y a effectivement un problème de démocratie locale et de démocratie directe, ce que montre d'ailleurs le mouvement des Gilets Jaunes, mais la réflexion qui vient d'être menée va peut-être un peu loin. Pourquoi un député de l'utilisateur Facebook ? En tout cas, il est vrai qu'il est nécessaire d'avoir de nouvelles formes de débat public, peut-être plus locaux et plus délibératifs, et peut-être de réinventer une démocratie locale au plus proche des besoins du territoire.

Je souhaiterais rebondir sur trois points : le fret ferroviaire, le financement et la démocratie locale.

Le fret ferroviaire est souvent présenté comme l'illustration de la dérégulation du monde des transports et du sacrifice payé par le fret ferroviaire dans ce contexte. On peut néanmoins rappeler quelques faits pour contrebalancer cette impression : en 2004 est décidée la libéralisation du fret ; concurrence de la route (baisse des prix du carburant) et difficulté de l'Europe à prendre en compte le personnel des transports et de le doter d'un socle de droits sociaux minimum. Il y a eu également l'impréparation du fret SNCF : il n'y a pas eu de moyens roulants spécifiques dédiés au fret, ce qu'ont fait les concurrents ; pas de présence d'un agent de desserte et d'un agent de conduite à bord des trains là où les concurrents en mettaient un. Il en résulte une baisse de 30% du fret ferroviaire et une baisse de 30% de la part du fret SNCF dans ce qui restait du fret ferroviaire, donc un affaiblissement considérable du fret français.

Un sujet de stratégie pénalise également le fret ferroviaire : l'attribution des sillons, qui défavorise le fret comme mode de transport de masse ; la politique des péages, qui rendait insoutenable le fret comme activité économique seule ; et la vétusté du réseau, qui n'a fait que s'aggraver et pointait l'insuffisance des financements français.

Le besoin de financements est présent au niveau européen comme français. Il faut prendre le problème dans le contexte de ras-le-bol fiscal que nous vivons. Pour la loi mobilités, nous avons un trou de financement de 500 millions d'euros à compter de 2020. Quelles sont les hypothèses aujourd'hui pour financer ce trou : soit installer une vignette poids lourds (sur le principe de l'utilisateur payeur), soit augmenter la fiscalité des carburants. Imaginez mettre en place une telle fiscalité dans le contexte actuel ! Il y a eu un recul politique sur les taxes, et nous le payons aujourd'hui. Des financements complémentaires public-privé sont aussi possibles.

La démocratie locale est le dernier point à relever : il existe en France une pratique verticale consistant à poser ces grands principes d'action partout dans un territoire, ce qui n'est pas suivi d'effets. Exemple : le covoiturage rural, que j'avais proposé en milieu d'année 2017, pour déployer la plateforme Heetch à Aixe-sur-Vienne. Une vive opposition s'en était ensuivie afin de défendre les taxis. D'après cette expérience, on voit bien que le besoin de mobilité part des territoires : le maire connaît les spécificités de son territoire. Le dialogue se noue de manière plus féconde et pratique dans les territoires que si l'on part de Paris.

Pierre BAUBY

Enseignant-chercheur à l'Université Paris VIII, enseignant à Sciences Po, Fondateur de Reconstruire l'Action publique (Association RAP)

Profitons de la présence d'un représentant de la commission européenne pour refaire l'historique du contexte européen. La politique commune des transports commence en 1957 (traité de Rome). De 1957 aux années 1980, il ne se passe pas grand-chose. Non pas que la commission soit inactive : elle ne cesse, pendant cette période, de proposer aux Etats et aux opérateurs de coopérer entre eux, jusqu'à la fameuse directive 91-440 (directive de coopération entre Etats et opérateurs ferroviaires). Il y a si peu d'action que le Parlement européen finit par porter plainte auprès de la Cour de justice des communautés européennes pour blocage de la mise en œuvre d'une politique commune. La Cour de justice condamne le conseil (c'est-à-dire les Etats membres) du fait de ses refus d'agir. On est à l'époque dans le paradigme ultra-dominant du keynésianisme, et non du libéralisme qui se développe à partir des années 1980.

C'est à partir des années 1980 que se fait le basculement vers le paradigme de la concurrence et de la libéralisation.

La commission européenne continue, aujourd'hui, à privilégier la mise en œuvre de la concurrence dans chaque secteur. L'enjeu de la politique de transports et de mobilités n'est plus là. L'enjeu réside plutôt dans cette question : comment met-on en œuvre une vraie concurrence entre le rail, la route et les autres modes de transport ? Comment internalise-t-on toutes les externalités positives et négatives de chaque mode de transport, au lieu de s'évertuer à faire de la concurrence dans le ferroviaire, où l'on va gagner de minuscules marges ?

Alexis PADOY

Personnellement, je suis convaincu de la concurrence intermodale, de l'internalisation des externalités externes. Je m'occupe d'un corridor de fret ferroviaire où l'on essaye de faire coopérer des représentants des gouvernements et des

représentants de gestionnaires d'infrastructures, afin d'aboutir, par exemple, à un trajet Rotterdam-Gênes sans accroc, avec les bons sillons, sans s'arrêter aux frontières. C'est extrêmement difficile. Les politiques nationales, les intérêts nationaux, divergent ; l'importance du fret ferroviaire, l'état du réseau, varient selon les pays. On doit également faire face à un grand manque de volonté. Tant qu'il n'y a pas de volonté claire de la part des Etats membres, il sera difficile d'aboutir à un résultat.
Pour en revenir à la question de l'internalisation des externalités et de la concurrence des modes, le sujet est compliqué. En 2008, la commission avait déjà proposé l'eurovignette, qu'elle avait dû retirer en raison du refus des Etats membres. Encore une fois, la commission ne décide pas : elle propose. Les décideurs, ce sont le Parlement mais surtout les Etats membres. Il faut prendre en compte cette constante dans la réflexion. Ce sont les Etats membres qui ont voté l'ouverture à la concurrence.

Jean-Baptiste DJEBBARI
Il n'y a pas de concurrence saine s'il n'y a pas de régulation sociale. Ryanair, par exemple, prospère en Europe car elle joue des zones grises, utilise le système des travailleurs indépendants et fait un milliard de bénéfices nets par an depuis une dizaine d'années, alors qu'il aurait suffi de dire que tout pilote pour lequel le lien de subordination est bien établi est un salarié avec un contrat permanent. On ne l'a pas fait, parce que politiquement, nous avons été incapables de construire une Europe sociale. Cela s'applique dans tout le champ des transports, et on en paye le prix aujourd'hui. Ryanair a été condamné deux fois par la France à 200 000 euros d'amende et 8 millions de dommages et intérêts, ce qui est une plaisanterie par rapport à son bénéfice, et est révélateur de notre incapacité à réguler ces systèmes qui sont par nature ouverts à la concurrence internationale.
Sur la complémentarité et la concurrence des transports, une étude récente est parue le mois dernier comparant la LGV et l'avion. On a souvent une vision d'un avion 60 à 70 fois plus émissif qu'un train à grande vitesse, ce qui est vrai tant que l'on

s'en tient aux chiffres les plus simples. Mais, une fois qu'on corrige ces données (un *low cost* émet 80 fois plus, par exemple), qu'on les pondère avec les émissions des infrastructures et des aéroports, on voit que l'avion est plus émissif d'environ 7,5 fois plus que le train. Quand on lance un grand projet de LGV, par exemple Bordeaux-Toulouse, le facteur environnemental est important mais n'est pas décisif. Ce qui est décisif, c'est la date de début et de fin du projet et le report modal.

Robert SAVY
Conseiller d'Etat (H), Ancien Président de la Région Limousin

Il faut s'interroger sur les rapports entre la mobilité et la proximité. Nous constatons des problèmes de mobilités à résoudre, parce que progressivement la proximité s'est atténuée ou a disparu. Ne faudrait-il pas que, à côté des autorités organisatrices de la mobilité, dont il est question dans le projet de loi LOM, on invente une autorité organisatrice de la proximité ? La manière dont un certain nombre de services ou de pouvoirs s'éloignent des citoyens est préoccupante. La réforme régionale fait qu'on décidera à Bordeaux et plus à Limoges. Mais la création d'un grand centre commercial à proximité d'une ville fait que la proximité dans le centre-ville disparaît. Les services publics s'éloignent des citoyens et je comprends que dès lors que la proximité s'efface, il faut créer de la mobilité. Mais ne faudrait-il pas aussi se demander que ce qui rend la mobilité indispensable ne devrait pas être aussi contrôlé ou limité ? En fin de compte, on retrouve là un vieux débat entre la cohésion dans les territoires et la concurrence entre eux. On a tendance à privilégier la concurrence (la métropolisation est un bon exemple de cette situation) au détriment de la cohésion.

Eric LE BRETON
On ne peut pas ériger les deux concepts l'un contre l'autre, parce qu'il n'y a pas une seule définition de la proximité. J'ai vécu 18 ans entre Rennes et Paris, je prenais le train trois fois par semaine.

La proximité, pour moi, c'était Rennes-Paris. On ne peut pas réguler un concept dont chaque personne a une perception différente. En revanche, les pouvoirs publics doivent s'assurer que les citoyens qui ne puissent pas beaucoup bouger vers les services aient le minimum vital et nécessaire dans une proximité accessible. Ceux qui ont le moins doivent pouvoir compter sur ce qu'il faut.

Question du public
Le droit à la mobilité serait le droit des droits. Pour avoir accès à un ensemble de droits, il faut se déplacer, et, pour ceux qui ne peuvent pas le faire, on leur propose le numérique. Le risque, c'est que la fracture de la mobilité se double d'une fracture numérique. Le numérique est-il une solution au droit à la mobilité, et dans quelles conditions ?

Eric LE BRETON
La solution s'appelle le télétravail. C'est une invention des années 1950 et de la DATAR, et qui déçoit aujourd'hui parce qu'il n'y a pas beaucoup de télétravailleurs. En réalité, le télétravail s'est énormément développé dans ce que l'on appelle les tiers-lieux. On comprend « télétravail » comme des gens qui travaillent chez eux au lieu du bureau, mais ce sont des gens qui travaillent dans la voiture, dans le train, l'avion, d'autres bureaux que le leur, chez des clients… les commerciaux, les artisans qui circulent partout, les cadres, universitaires et consultants, télétravaillent à haute dose, mais personne ne télétravaille à la maison.
La fracture mobilitaire se double évidemment de la fracture numérique.

Chapitre 2

Infrastructures et réseaux de transports : un levier de développement économique ?

Infrastructures de transports et développement économique

Emmanuel RAVALET
Chercheur Sénior au Laboratoire de sociologie Urbaine (LaSUR), à l'Ecole Polytechnique Fédérale de Lausanne

J'adopterai une posture d'économiste, en accord avec ma formation et ma position au sein de l'actuel CEREMA, et une posture de sociologue, puisque j'ai passé six ans au sein du laboratoire de sociologie urbaine au sein de l'école polytechnique fédérale de Lausanne.

Le point de vue économique

L'approche économique permet de mieux comprendre les liens entre infrastructures de transport et développement économique local. Il arrive d'entendre dire, dans les cénacles techniques, politiques, et même scientifiques, que l'amélioration des conditions de déplacement fait nécessairement, automatiquement, le développement économique ; et, si on ne le dit pas, on le sous-entend. Effectivement, en s'en tenant aux travaux d'Adam Smith (XVIIIe siècle), on peut dire que les infrastructures favorisent le transport, qui favorise à son tour les échanges et donc le développement. Mais ces travaux, très macro, et mis en place dans un contexte politique, économique et sociétal très différent du nôtre, sont légèrement datés.

De fait, le développement économique n'est pas systématiquement dû à l'arrivée d'une infrastructure de transports. Il existe des territoires qui profitent beaucoup de l'arrivée de telles infrastructures, mais d'autres investissent dans des infrastructures de transport sans que celles-ci ne conduisent à une croissance économique quelconque. Exemple Montchanin, petite commune située sur la ligne de TGV entre Paris et Lyon, qui n'en a pas nécessairement profitée. Les zones d'activité, près des échangeurs autoroutiers, sont assez systématiquement aménagées, mais toutes ne réussissent pas à y créer des entreprises et à se remplir.

Qu'y a-t-il derrière cette croyance persistante selon laquelle l'arrivée d'une infrastructure de transports conduirait au développement économique ? Un brin de néo-keynésianisme bienveillant (« quand le BTP va, tout va »), un peu d'euphorie technologique (il faut toujours aller plus vite), et de globalisation (les vertus du grand marché). Tous ces éléments confèrent aux infrastructures routières et ferroviaires des propriétés quasi-magiques.

Prenons le temps de préciser les effets sur les territoires, effets aujourd'hui mieux documentés, mieux appropriés par les acteurs. La démonstration est simple : une nouvelle offre de transports dilate les aires de marchés. Grâce à cette nouvelle infrastructure plus rapide, je peux aller dans un cinéma plus grand, plus loin, qui projette plus de films ; je peux vendre mes produits à plus de personnes, aller habiter plus loin, avec un logement plus grand, et peut-être un jardin ; aller faire mes courses à l'hypermarché dans la vallée au détriment du boucher de mon village de montagne. L'enclavement isole, mais il protège aussi de la concurrence. Si l'accessibilité s'améliore, la concurrence s'accroît. Ceux qui vendent des produits plus originaux, de meilleure qualité, moins chers, gagnent un nouveau marché. Les moins dynamiques peuvent y perdre, à mesure du départ de leurs clients pour des horizons plus lointains. Résultat : plus de croissance pour certains territoires plus dynamiques et positionnés de manière plus originale sur le marché, mais aussi plus de récession pour d'autres territoires. Les trains, comme les voitures, roulent dans les deux sens !

Sur le plan local, cela signifie qu'il faut se garder de généralités : certains acteurs et entreprises gagneront sans doute avec l'arrivée de l'infrastructure, mais d'autres perdront. Quelles seront-elles, et comment les accompagner ? Il en découle qu'il y a autant de

formes de développement économique local que de territoires. Certaines formes de développement économique ont besoin d'infrastructures, de vitesse, et d'autres pas. Pour penser ces spécialisations économiques, il faut s'appuyer sur les ressources de chaque territoire.
Qu'en est-il du couplage entre croissance des flux de transport et développement économique à un niveau global ?
Ce couplage macro existe effectivement mais n'est pas une fatalité, et son importance varie selon les territoires et les époques. Comment articuler les enjeux de développement économique et les enjeux écologiques qui sont les nôtres aujourd'hui ? Ces deux éléments sont-ils conciliables ?
Deux questions peuvent nous aider à y voir plus clair.
La première : peut-on se déplacer toujours autant mais mieux ? C'est une question d'offres ; beaucoup de territoires maquent de solutions alternatives à la voiture individuelle. C'est aussi une question de vitesse. Renoncer à la voiture ou à l'avion, c'est globalement se déplacer moins vite.
La deuxième : sachant qu'il y a trois manières d'entrer en interaction avec quelqu'un (être proche, être mobile, être connecté) et que l'économie fonctionne d'autant mieux que les interactions sont fortes, peut-on réduire la part de la mobilité et des déplacements dans le volume général des interactions, au profit des deux autres dispositifs (proximité et connexion) ?

Le point de vue sociologique

Le prisme sociologique permet de parler des comportements de mobilités. Pour articuler correctement mobilité, connectivité et proximité, il faut travailler sur les comportements sociaux et comprendre comment les gens s'approprient les offres de service qu'ils ont à disposition. Illustration : pendant des décennies, on aménage des infrastructures de transport pour gagner en vitesse, parce que le temps de déplacement est considéré comme un temps perdu, contraint, non valorisé, et est donc à minimiser. On faisait également l'hypothèse qu'il y avait une substituabilité des activités : je gagne du temps sur les activités non valorisées (le transport) pour le réinvestir dans des activités valorisées (travailler, avoir des loisirs, etc.). Le temps gagné par la vitesse a, en réalité, été investi en transport supplémentaire, en distance supplémentaire. Alors qu'on se déplace beaucoup plus vite qu'avant, on se déplace aussi longtemps, voire davantage.

Comment se fait-il que les personnes ne cherchent pas à minimiser ce temps, qui est subi et n'est qu'un intermédiaire (on ne se déplace pas pour se déplacer) ? Il n'y a pas toujours antécédence des places sur le déplacement. La vitesse aide au déplacement des activités économiques, à l'extension de l'activité… La vitesse n'est pas mauvaise en soi : mais la rechercher systématiquement est plus problématique.

J'ouvre une parenthèse sur le télétravail : la possibilité de télétravailler joue le même rôle. Si je ne dois aller travailler que trois jours sur cinq, je vais accepter des temps de déplacement plus longs sur ces trois jours que ce que j'aurais été prêt à accepter pour une semaine complète. Le télétravail peut donc participer à un accroissement des distances parcourues. Ce n'est pas forcément grave, mais quelles précautions sont-elles prises pour accompagner et limiter ces effets ? Comment accompagner le développement économique résidentiel de certains territoires économiques tout en considérant que télétravailler représente un gain énergétique global ?

J'en arrive aux voitures autonomes : si le temps passé dans une voiture autonome est plus facilement occupé, si le temps ressenti chute avec la voiture autonome, alors quelle sera la conséquence de son usage sur les distances parcourues, sur notre relation à la proximité ? A ce jour, peu d'études se penchent sur la question.

Infrastructures, temps de transport, utilité et qualité du service

Aurélien DELPIROU
Maître de conférences, Co-responsable du Master 2 Programmation, projet, management urbain, Ecole d'urbanisme de Paris/Lab'Urba, Université Paris-Est

Je note avec plaisir la diversité du public qui participe de la diversité et de la richesse des échanges.
Formé en géographie aménagement, je travaille sur le lien entre politique urbaine et politique de transports dans un certain nombre d'agglomérations de France et d'Europe méditerranéenne. Associé fondateur d'un bureau d'études d'assistance aménagement en urbanisme et transports, j'assure une sorte d'interface entre mondes académique et professionnel, même si la recherche est un monde professionnel comme un autre. On manque d'expertise académique jusqu'aux plus hauts sommets de l'Etat.
Parisien, j'ai des attaches familiales et professionnelles dans le Berry, un territoire où je travaille quotidiennement avec les habitants, les techniciens des services et les élus ; je suis donc sensibilisé à ces questions.
Limousin, Berry, sont des territoires, mais ce ne sont pas les seuls. L'Île-de-France est aussi un territoire. Ce n'est d'ailleurs pas celui où les problèmes de transport sont les moindres. Les Franciliens passent 75 minutes chaque jour dans leur véhicule alors que les habitants de Haute-Vienne n'y passent que 45 minutes. Les taux d'équipements en termes de médecins, de magistrats, de députés, de sénateurs, sont plus importants dans le Cher qu'en Seine-Saint-Denis ou en Seine-et-Marne. Il est important d'arrêter d'opposer systématiquement les individus et les territoires, et il est nécessaire de commencer à chercher de véritables solutions.

Un élément de contextualisation : comment le transport a-t-il été placé au cœur des politiques d'aménagement en France depuis 50 ans ?
En prolongement de la communication d'Emmanuel Ravalet, la question des liens entre infrastructures de transport (essentiellement le fer, puisqu'il constitue un tropisme de la recherche) et développement territorial au sens large se pose.
Un constat pour commencer : à l'échelle d'un siècle, le réseau ferroviaire français est marqué par une contraction de ses lignes. On passe d'un pic atteint au moment de la création de la SNCF dans l'entre-deux guerres avec 45 000 km de lignes exploitées, à aujourd'hui moins de 30 000 km exploités. Cette tendance au déclin est lente mais continue. La France fait figure d'exemple à la fois emblématique et original en Europe : elle dispose du plus large et étendu réseau d'infrastructures ferrées en Europe et c'est, en retour, le pays qui procède à la contraction la plus rapide et la plus massive par rapport à ses voisins. On observe le même schéma à l'échelle des transports urbains, par exemple avec les lignes de tramway.
En revanche, la grande vitesse ferroviaire a été déployée ; la France est un pays pionnier dans ce développement, qui est un véritable choix politique, datant de la fin des années 1970. Ce choix correspond au contexte particulier dans lequel se trouve la France à ce moment-là : les dimensions du pays correspondent bien au développement de la grande vitesse ferroviaire, qui est concurrentielle par rapport à l'avion sur des lignes majeures comme Paris-Lyon ou Paris-Marseille. Ce choix est adossé à des intérêts industriels : un système industriel de construction de trains et voies ferrées, porté par des élus nationaux et locaux comme le maire de Lille ou le maire de Lyon. Il est enfin largement soutenu par le corps des hauts fonctionnaires de l'Etat, à commencer par ceux issus de l'école Polytechnique et des Ponts-et-Chaussées, qui poussent à cette avancée technologique. On y rencontre des succès considérables, en termes de vitesse, de maîtrise de la technologie. Pourtant, on peut dire aujourd'hui qu'il nous faut assumer les héritages de ces choix

technologiques. Contrairement à l'Italie et à l'Allemagne, la France a en effet construit des lignes spécifiques pour faire circuler les TGV. On peut pourtant atteindre la grande vitesse ferroviaire (au-delà de 250km/h) sur un réseau classique, ce que choisit de faire l'Italie.

Deuxième élément à souligner, et Emmanuel Ravalet l'a dit il y a un instant, la France connaît une forte croissance politique entretenue depuis la création de la DATAR dans les années 1960, dans les effets territoriaux de l'infrastructure de transports, routière, ferroviaire, portuaire, aéroportuaire, et qui se déploie sur deux registres qui se trouvent aujourd'hui dans un état de tension toujours pas arbitré. Le premier registre est celui du désenclavement (apporter l'accessibilité à des territoires, qui pâtissent de handicaps structurels ; sur ce point, l'ouvrage fondateur dans la mythologie datarienne, c'est *Paris et le désert français*). Le second registre, c'est celui de la compétitivité, du renforcement de l'attractivité, qui correspond plutôt à ce que l'on appelle le réseau structurant : les grandes autoroutes, la grande vitesse ferroviaire. Dans ces deux cartes, on a les grandes réalisations opérées depuis 25 ans en matière d'aménagement du territoire. En matière de désenclavement, on peut citer les plans autoroutiers lancés en Bretagne et dans le Massif Central. En matière de compétitivité, c'est le développement de la grande vitesse ferroviaire, en particulier à travers l'axe Lille-Paris-Lyon-Marseille.

Ces deux registres sont encore aujourd'hui en conflit et doivent procéder à des compromis.

En matière d'aménagement du territoire, trois temps sont à distinguer.

Le premier : fin des années 1990-début des années 2000. Déploiement de projets extrêmement ambitieux : loi LOADT portée par Charles Pasqua (1995) ; Comité interministériel d'aménagement des territoires (2003), avec une liste à la Prévert de projets déployés sur les territoires (ligne Pocl [Paris-Orléans-Clermont-Ferrand-Lyon], ligne Paris-Limoges-Toulouse).

Deuxième : hiérarchisation de ces grands projets dits structurants, à l'aune d'un nouvel enjeu qui émerge frontalement : l'enjeu environnemental. Ce sont les nouveaux schémas interrégionaux, les lois Grenelle de l'environnement, qui contribuent à un premier recalibrage.
Le troisième temps est le nôtre, depuis la révision générale des politiques publiques, et qui a été acté par le gouvernement actuel en continuité des précédents : la pause et le choix extrêmement raisonné, à l'aune d'une rationalité économique des projets de transports. Du point de vue de l'exploitation, seule une liaison TGV est aujourd'hui rentable (dont les recettes couvrent les coûts d'exploitation, de maintenance et d'entretien) : la ligne Paris-Lyon. Toutes les autres sont déficitaires. Cela conduit évidemment à envisager autrement le modèle TGV.
Ces choix contribuent à des décisions politiques qui suscitent colère et incompréhension des élus, en particulier dans les régions du Centre, du Berry, du Limousin, qui attendent la grande vitesse depuis parfois des décennies comme le rappelait tout à l'heure le maire de Limoges.
Est-ce finalement si grave ? La question est provocatrice mais doit être posée. Si on ouvre une ligne LGV dans une ville intermédiaire comme Limoges (qui n'est pas une ville moyenne mais n'est pas non plus métropolitaine), toutes les études montrent que la croissance du trafic ferroviaire sera plus faible que prévu, et qu'elle est modeste : entre 1 et 10% de croissance par rapport au flux préexistant ; le TGV est sélectif socialement, en raison de son coût : il est réservé *de facto* aux classes aisées et aux déplacements professionnels. Les études montrent également qu'en matière de dynamique immobilière, on attend souvent une nouvelle attractivité auprès des promoteurs, un rebond du marché immobilier. Dans quelques métropoles comme Marseille ou Lille, un tel phénomène a été observé, mais dans les villes intermédiaires, de tels effets sont très modestes et il est difficile de déterminer le rôle du TGV dans cette croissance, puisque les villes l'ayant connue mettaient, en même temps, en place des projets urbains de requalification plus larges. Marie Delaplace a

ainsi analysé le cas de Reims : lorsque le TGV a desservi la gare, on s'est aperçu que l'augmentation des prix immobiliers ne s'est pas produite dans le quartier de la gare, mais dans les faubourgs favorisés situés à deux ou trois km à l'est de la gare, par capillarité. Ce n'est donc pas le quartier de la gare qui capte de manière la plus favorable les effets du TGV. En matière de développement économique, M. Ravalet en a parlé, les effets sont contrastés : on observe souvent une offre nouvelle en matière d'immobilier d'entreprise, qui permet de se réadapter aux standards actuels de la demande (en termes de taille et de qualité d'offre ; un effet d'image contribue au marketing territorial). Mais ces nouveaux parcs tertiaires sont marqués par une forte vacance. Les implantations sont souvent très majoritairement des relocalisations internes, c'est-à-dire qu'il y a peu d'arrivées externes d'entreprises.

Le risque est donc que l'on remplisse un parc externe d'activité quitte à vider les quelques zones d'activité qui existent déjà tant bien que mal dans les villes intermédiaires dont les tissus sont fragilisés.

On a par exemple interrogé les entreprises du Grand Est : les facteurs prédominants sont la disponibilité des locaux, la proximité de l'autoroute, et seulement à 2% la présence d'une desserte TGV. Besançon, ville très comparable à Limoges, ouvre un parc d'activité adossé à sa gare TGV et qui n'est rempli qu'à 30%.

Ne parlons pas de tourisme.

L'aéroport : toutes les études montrent que malheureusement les effets ne sont pas aussi mécaniques, d'autant plus lorsque l'environnement aéroportuaire est aussi concurrentiel que dans le vaste environnement régional du Limousin.

Bilan : 1 : la LGV n'est jamais une solution aux difficultés socioéconomiques des régions ; elle peut amplifier les dynamiques, mais jamais les créer *ex nihilo* ; 2 : les effets ne sont ni automatiques, ni positifs systématiquement ; 3 : ils dépendent d'un très grand nombre de facteurs : la conjoncture économique locale, le choix de la gare (centre ou périphérique), le degré

d'amélioration par rapport à une desserte préexistante ; et l'accompagnement par une gouvernance responsable et intégrée. Pour ce dernier point, il y a une marge de progrès, à Limoges comme ailleurs (Nevers, Bourges…), pour que les élus locaux se saisissent d'un projet de développement avec ou sans amélioration du transport.
Une étude sur le niveau de fragilité des villes intermédiaires a été présentée récemment : il y a déconnexion radicale entre le niveau d'enclavement et le niveau de fragilité. Dans le Jura, certaines villes comme Dol ont dix allers-retours quotidiens par TGV avec Paris, et elles sont dans une situation de fragilité socioéconomique considérable ; et des vallées complètement enclavées, à Moirans, à Cluzes, à Thonon, produisent la moitié des jouets de l'Union Européenne et sont des grappes productives innovantes et identifiées sur les marchés mondiaux.
Choisissons nos combats. 1 : les lignes locales et régionales, ce que font la Bretagne et l'Alsace, pour répondre à la demande qui se trouve massivement dans l'Intercités et le TER, y compris dans les espaces peu denses. Au-delà de la culture de l'objet magique, tout cet argent investi dans l'innovation technologique ne pourrait-il pas être redéployé vers le transport quotidien et les échelles locales et régionales ? La loi semble aller dans ce sens ; c'est un pas en avant qui arrive bien tardivement. 2 : arrêtons le *hard* (aéroport et gare TGV) et regardons les solutions que nous avons déjà évoquées : les plateformes, le Blablacar du quotidien… ces solutions ne sont pas développées dans les métropoles, précisément parce qu'elles ont déjà leur catalogue de projets. Dans les villes intermédiaires où le périurbain est peu dense, on est forcés à innover ; on a moins d'ingénierie, les contraintes budgétaires sont plus grandes. La contrainte est une chance pour forger des solutions qui n'existent pas ailleurs dans les territoires. 3 : la qualité de service : je suis venu en train, je ne considère pas que Limoges soit enclavé par rapport à Paris : on met 3 heures. Mais la qualité de service est digne du XIXe siècle. En première classe, on est en compartiment, sans prise pour les ordinateurs, ni Wifi ; on met 3h40 avec des arrêts

intermédiaires. Battez-vous sur la qualité de service, la fréquence, les horaires. Plutôt que de gagner 40 minutes avec un TGV, il vaut mieux se battre sur la qualité de service.

Infrastructures de transports et enjeux géopolitiques

Giuseppe BETTONI
Premier vice-président d'Europa, professeur de géographie politique et de géopolitique à l'université de Roma Tor Vergata

L'enclavement, ce n'est pas seulement une question de train. C'est aussi une question de flexibilité du transport : puis-je m'y déplacer comme je veux et quand je veux ? Mon choix doit être basé sur quelque chose de concrètement faisable et surtout fiable. Sinon, on se repose sur l'aléatoire : le train est-il maintenu ? Aura-t-il du retard ?
Plusieurs directions auraient pu être données aux discussions d'aujourd'hui. On aurait pu faire un colloque très technique, avec des ingénieurs pour nous parler de la forme particulière des TGV, et on se retrouve finalement avec Eric Le Breton qui nous parle de chômage – et qui a bien fait – pour nous ramener sur un autre sujet. On aurait aussi pu faire un colloque uniquement sur le réseau européen.
Mais ce thème est, à mon sens, profondément géopolitique, car il touche la mobilité du citoyen, qui est probablement le service public le plus territorialisé possible. Notre épanouissement et notre frustration passent par la mobilité.
La proximité dont parle M. Savy est autre que ce à quoi M. Le Breton la réduit avec son exemple de Rennes et de Paris. La proximité est une perception, un confort, une identité : mon territoire.
On réfléchit d'un point de vue européen. De quoi parle-t-on ? Certes, pour un trajet Londres-Ljubljana, on est dans un couloir. Mais en fait, on se moque du couloir. Déjà, il faut trouver la personne qui va faire Londres-Ljubljana dans un train : à moins de vouloir passer du temps dans un train, on prend l'avion. Ce sont les correspondances qui nous intéressent. Faire des couloirs

extraordinairement rapides sans penser au changement d'échelle et sans donner la possibilité au citoyen de s'accrocher à ce réseau ne sert à rien. Il faut donc une cohérence des réseaux de transport à tous les niveaux. La commission, on le sait, fait de son mieux pour faire collaborer des Etats qui ne veulent pas être raisonnés, comme le disait M. Bauby.

On peut parler tant que l'on veut de rentabilité, d'efficacité, de vision du citoyen, il faut dire les choses comme elles sont : c'est une question éminemment politique, aux trois échelons fondamentaux (local, national et commission européenne).

Toute la littérature et les documents européens des années 2000 sont envahis d'ingénieurs qui ne parlent que de modalité et d'intermodalité. Aujourd'hui, on ne parle que d'environnement et de social : où est le train ? Aujourd'hui, on réfléchit en déclinant les sujets environnementaux et sociaux du point de vue du transport.

Le réseau européen compte138 000 km par rails, 136 000 par route, 23 000 km en navigable. Tout ceci est devenu un élément à traiter du point de vue social et environnemental. Les trois quarts de l'énergie européenne, pour le transport, sont consacrés à la route. Le covoiturage ne représente en France que 2 000 passages : c'est inexistant. Si un chercheur mentionne le covoiturage dans son rapport, c'est qu'il a envie de faire de la politique, pas parce que le covoiturage est un sujet d'importance. Même si la pratique commence à s'enraciner, il n'y a aucun intérêt à y perdre son temps.

Le problème que chaque pays rencontre pour pouvoir accrocher son propre système de transport à tous les niveaux au transport de conception européenne, c'est effectivement le problème fondamental de la modalité et de l'intermodalité ; mais se rencontrent également des problèmes de financements, de sociétés qui doivent gérer le niveau local.

En Italie, on se trouve face à de minuscules sociétés qui gèrent de gros morceaux de marchés ; avec une seule modalité, très mauvaise. Elles sont donc toutes asphyxiées. Il aurait fallu de

plus grandes sociétés, qui gèrent de petits morceaux de société en intermodalité.
Comment un tel système peut-il être reconverti dans le système italien ? La société locale de transport y a toujours été utilisée comme amortisseur social, c'est-à-dire un endroit privilégié d'embauche de chômeurs. Ce système arrive fatalement à saturation lorsque la société est en difficulté (parce qu'elle a quatre fois trop d'employés par rapport à sa rentabilité), mais que l'on ne peut pas la privatiser parce que personne ne va en vouloir. Comment passer, donc, de ce modèle de fonctionnement à un modèle plus efficace ? La question s'adresse à la commission, qui s'engage déjà dans ces situations pour guider les Etats membres qui y sont confrontés.
Quand l'Italie a trop de sociétés, elle agrège et fait ensuite un plan industriel, ce qui est l'exact inverse de ce que le bon sens voudrait. Comment inverser une vision pareille sur un échelon régional et infra-régional ? Que peut faire la commission, et quelle place peut-elle trouver dans ce genre de situation ?
C'est le problème du rapport entre le réseau européen et la rationalisation du national. Surtout qu'il faut commencer par avoir un projet. On a un immense axe prévu en Italie. Mais il faut penser un vrai projet qui soit social, et non pas déléguer le social à l'acteur régional et national.
Les Etats décident de tout, même si la commission est aujourd'hui notre interlocuteur. Il faut garder à l'esprit que l'Etat est notre interlocuteur principal : c'est lui à qui il faut faire prendre conscience de tous les actes qu'il a signés au sein du conseil européen. A partir du moment où le gouvernement a signé le contrat, il ne devrait pas ensuite se plaindre d'être bloqué par la commission, ce qu'on a trop souvent connu en Italie.
Nous avons besoin d'un référent bruxellois qui puisse avoir un réel projet social, sinon, nous ne faisons que creuser toujours plus les différences entre les pays. Il faut donc s'imaginer un acteur politique capable de bâtir ce projet social. Faute d'un tel interlocuteur à Bruxelles, le projet de citoyenneté européenne soulevé par M. Lombertie ce matin ne verra jamais le jour.

Il nous faut, désormais, avoir suffisamment d'ampleur pour imposer un projet de transport européen décliné sur les différents Etats qui puisse avoir un but social.

Chapitre 3

Exemples européens de politiques de transports et partage d'expériences

La difficulté d'établir une politique coordonnée des transports en Belgique

Christian de VISSCHER
Professeur en management public, Université catholique de Louvain-la-Neuve (Belgique)

La politique des transports en Belgique est très contrastée, entre les trois régions Bruxelles, Flandres et Wallonie.

Enjeux généraux de la Belgique. Nous sommes un petit Etat au milieu de l'Union européenne, mais très peuplé. Le problème principal est donc celui de la congestion croissante aux abords et dans les grandes villes. Le bureau fédéral du plan a élaboré une estimation de l'évolution générale du trafic jusqu'en 2030 : on va croître de 11% en nombre de passagers au km ; 45% du nombre de tonnes de marchandises par km. Selon les statistiques du bureau fédéral des transports en 2017, 80% des déplacements de transports se font en voiture, 12% en métro, tram ou bus, et 8% en chemin de fer. En marchandise, la part du rail tourne autour de 70%.

La localisation de l'entreprise a une incidence directe sur le mode de transport. L'utilisation de la voiture varie de 25 à 85% si l'entreprise est localisée dans un endroit plus ou moins accessible en transports publics.

Un autre phénomène est inquiétant : celui de « la voiture de société » ou voiture salaire ; la voiture est mise à disposition du travailleur par son employeur et peut être utilisée à des fins privées. C'est une manière de contourner le coût social du travail, puisque les entreprises peuvent proposer ce type de voiture de société en faisant une économie en termes de charges sociales. Elles ne sont en effet pas incluses dans les charges sociales. En dix ans, on passe de 280 000 voitures société à 165 000 : une

augmentation d'environ 60%, alors que le nombre de voitures particulières, dans la même période, n'augmente que de 10%.
Le secteur des transports est le seul en hausse en matière d'émission de gaz à effets de serre. Depuis 1990, ces effets de serre ont augmenté de 28% pour le secteur des transports.

Enjeux économiques de chaque région. Bruxelles est une région urbaine très densément peuplée, siège de nombreuses entreprises et d'institutions internationales. Le problème de congestion est dû notamment au nombre important de travailleurs navetteurs. L'enjeu est donc l'accessibilité et l'attractivité pour les entreprises.
La Flandre et la Wallonie sont différentes. Depuis les années 1960, avec l'intensification de l'usage de la voiture particulière, on voit émerger le phénomène de périurbanisation, que certains urbanistes qualifient d'anarchique pour la Belgique, car la politique d'aménagement du territoire a été pendant longtemps laxiste à ce niveau-là. Cette périurbanisation anarchique a des effets majeurs sur la circulation routière et évidemment sur la pollution et l'environnement. Il y a pourtant des effets positifs : le fait de disposer d'un réseau routier et autoroutier très dense, qui facilite l'accès aux grandes villes et aux infrastructures de transport (pour la Flandre, les ports d'Anvers et de Zeebruges ; pour la Wallonie, les aéroports de Charleroi et de Liège qui développent une forte activité avec le low-cost), permet un fort essor économique.
Selon une étude de PWC 2017, les trois régions belges sont parmi les dix premières régions d'Europe dans le domaine de l'attractivité en termes de logistique. C'est presque une spécialité belge, qui s'explique évidemment aussi par la situation géographique du pays.

Deux exemples de situations problématiques. Nous sommes un Etat fédéral dans lequel le partage des compétences entre le fédéral et les entités fédérées est particulièrement complexe ; il est donc difficile d'élaborer une politique coordonnée. La politique ferroviaire relève du pouvoir fédéral, mais les autres modes de transports (routes, voies hydrauliques, ports, aéroports, transport urbain, taxis), mais également l'aménagement du territoire, sont le fait des régions. Deux exemples peuvent être convoqués pour illustrer cela. Le premier est l'étude d'un projet de RER autour de Bruxelles, devant permettre de remédier à la congestion ; un projet de RER autour de Bruxelles est ainsi à l'étude : des délais bien plus longs que prévus ont été nécessaires, parce que les attributions du fédéral et des régions sont intriquées. Le second exemple est celui des voitures de société précédemment évoquées : paradoxalement, leur gestion est une compétence fédérale, car elles sont liées à la fiscalité sur le travail ; mais si on continue à favoriser ce type de solution, ça met en difficulté toute la politique que voudraient mener les régions en matière de transports et de mobilités.

Un investissement sur les infrastructures et la sécurité des transports en Pologne

Malgorzarta MOLEDA ZDZIECH
Prof SGH, Institute of International Studies, Warzaw School of Economics (Pologne)

La situation européenne, d'après ce que l'on vient d'entendre, est comparable à un mille-feuilles. On découvre, feuille par feuille, les problèmes des uns et des autres.

La politique des transports en Pologne doit évidemment se comprendre en envisageant le contexte politique, économique et social, qui marque les décisions prises depuis l'abandon du système socialiste. Au fil des récentes années, la Pologne connaît une croissance supérieure à la moyenne de l'Union européenne, avec une croissance simultanée de la demande des transports.

Cette demande de mobilité se répartit de manière très différenciée entre les différents modes de transports. Lors de la transition vers l'économie de marché, il a fallu lutter contre le chômage ; la création d'entreprises de transport routier de personnes et de marchandises, vivement encouragée, a permis la création de 500 000 emplois.

Aujourd'hui, la pénurie de conducteurs en Pologne implique de faire appel à des conducteurs de pays voisins : Ukraine, Biélorussie.

La mobilité des personnes est bouleversée par l'explosion de l'accès à l'automobile individuelle, au-delà de toutes les prévisions. Les bus régionaux, qui assuraient auparavant la couverture fine du pays, sont donc en crise. 20% des villages ne sont plus desservis. Si, dans la famille, il y a une seule voiture, elle est mise à disposition du mari ou du père. La femme reste donc à la maison, ce qui n'est pas en faveur de l'émancipation féminine.

Le pays connaît également une forte congestion routière provoquée par la tendance à l'étalement urbain.
Nous n'avons pas encore, aujourd'hui, évoqué le problème de la sécurité, qui est particulièrement aigu en Pologne. Le nombre d'accidents routiers est en baisse en Pologne depuis deux ans ; on est autour de 3 000 morts par an, un peu au-dessus de la moyenne européenne.
De grands changements s'opèrent dans le domaine des investissements dans les infrastructures. L'Etat tend à en laisser la charge aux voïvodies, les régions polonaises, qui sont actives pour améliorer leurs réseaux routiers. On observe aussi une modernisation du matériel roulant, surtout dans le secteur ferroviaire, et le pays compte aujourd'hui trois industriels compétents pour produire les tramways et les trains régionaux modernes.
Il y a un an, le gouvernement présentait le projet d'un grand aéroport d'une capacité de 70 millions de voyageurs, mais c'est un projet qui tient davantage de la politique que de l'économie et d'un véritable projet de transport.
Un document stratégique, la stratégie de transports 2020, donne la ligne de la politique de transports polonaise ; il est publié en 2013. Même si le gouvernement était différent de celui qui est au pouvoir aujourd'hui, il est encore en vigueur. On y parle d'une amélioration de l'accessibilité au réseau, de la cohésion du point de vue de la région, de la cohésion sociale et économique, de la sécurité, puisque c'est encore un problème en Pologne, de l'efficacité des transports à divers niveaux institutionnels.
Il faut souligner que la prise de conscience écologique est relativement tardive en Pologne, mais est effective : on convient que le transport est une des causes de la pollution des villes. Mais le transport est responsable à 20% du *smog*. Cette conscience écologique revient particulièrement sur le devant de la scène en période d'élections. Lors des dernières élections locales, chaque parti faisait figurer cette conscience dans ses programmes. La jeune génération, quant à elle, y est particulièrement sensible, ce

qui nous conduit à réfléchir aux liens existants entre transports et style de vie.

La politique de transport influence beaucoup les changements de style de vie. Giuseppe Bettoni parle du covoiturage : pour moi, le nombre réduit d'utilisateurs est moins important que le fait qu'il s'agisse du début d'une pratique, qui connaît un succès certain chez les jeunes générations.

A Bruxelles, je représente l'Académie polonaise des sciences. J'y observe la manière dont le transport influence les styles de vie. On y observe que les générations s'influencent : à l'exemple de leurs enfants, les parents adoptent ainsi la trottinette.

Politique des transports et migrations en Lituanie

Egle STONKUTE
Director of Baltic Institute for Research and Development, Vilnius (Lituanie)

Culturellement, la Lituanie est marquée par une grande tradition d'émigration des citoyens, facilitée et renforcée par le développement de la mobilité.

La Lituanie est un pays dont la population meurt vite et diminue vite ; on dit souvent, pour plaisanter, qu'heureusement, la Lettonie mourra plus vite. Il est probable que dans une vingtaine d'années, on aura moins de deux millions d'habitants en Lituanie.

60% de la population vit en zone rurale, mais il faut garder à l'esprit qu'en Lituanie, il n'y a qu'une ville, le reste se partage entre zone rurale et zone péri-urbaine. Les villes moyennes ou petites comptent donc dans la zone rurale. Si on parle de services sociaux, de mobilité, on ne parle en réalité que de la capitale, Vilnius.

On peut traverser la Lituanie en trois à quatre heures, que ce soit en train ou en voiture (il n'y a pas vraiment de train à grande vitesse ; mais il est vrai que les distances n'obligent pas la Lituanie à investir dans les LGV). Un projet européen projetait de lier les capitales d'Helsinki à Paris par le train, ce qui devrait aider au développement de la mobilité des Lituaniens.

Ceux des Lituaniens qui habitent Vilnius ou ses environs immédiats quittent nettement moins leur pays que ceux qui habitent en zone rurale. Dans les écoles, la plupart des enfants désirent faire leurs études ou leur commerce ailleurs, à moins de pouvoir venir à Vilnius. C'est soit Vilnius, soit l'étranger.

Avoir une route ferroviaire qui coupe la Lituanie, c'est couper le pays en deux : à l'est, la partie du pays qui comporte Vilnius et a un bon développement, où se trouve tout le business en high-tech et communication ; et à l'ouest, la population qui désire quitter le pays.
La route ferroviaire peut donc permettre de développer l'économie autour de la capitale et le long de la route, mais également favoriser l'émigration. Il sera en effet beaucoup plus facile d'aller travailler à Varsovie ou Riga, qui sont plus grandes que Vilnius.
Economiquement, les salaires horaires en Lituanie sont plutôt bas en comparaison de la moyenne européenne, encore un motif de quitter la Lituanie pour la population. 30% de la population a également un niveau de vie relativement bas.
Les migrations mettent en valeur le changement qu'a connu la population lituanienne au cours des dernières décennies : autrefois, les jeunes gens qui savaient lire et avaient terminé leurs études voulaient partir à l'étranger ; maintenant, on parle des gens qui veulent commencer leurs études secondaires à l'extérieur ; des médecins qui partent pour les pays scandinaves ; des spécialistes de commerce, parce que la Lituanie est trop petite pour intéresser véritablement les commerciaux ; mais, plus grave, les grands-parents, les retraités, désirent partir, soit pour rejoindre leurs enfants et petits-enfants à l'étranger, soit pour travailler ailleurs et avoir une retraite plus importante.
On ne compare pas zones rurales et zones urbaines en Lituanie, mais la capitale et le reste de l'Europe.
La politique économique et sociale n'est pas vraiment intégrée aux grandes questions de politique et d'infrastructure. On a donc déchiré le pays, et la situation est véritablement grave. Certes, la mobilité est une opportunité pour la population ; mais quel avenir cela garantit-il pour le pays ?

Quelle politique des transports dans un Etat insulaire (Grèce) ?

Stella KYVELOU-CHIOTINI
Deputy Head of the Department of Economics and Regional Development, School of Sciences and Economics and Public Administration, Panteion Unibversity of Social and Political Sciences of Athens (Grèce)

Pour tenir en un espace de temps aussi réduit, on ne parlera pas de transport en général, mais de la question du transport maritime de courte distance dans l'espace insulaire, de ce que cela implique pour la cohésion et l'aménagement du territoire, et enfin d'un nouveau concept de cohésion marine ou maritime. Nous travaillons en effet beaucoup sur la planification maritime spatiale, un nouveau sujet, même si, du point de vue de la conservation et de la protection de l'environnement, il est plus ancien. Il faut faire l'équilibre entre développement économique et protection de l'environnement, dans le cadre de la commission européenne.
La situation grecque peut se résumer en quelques mots-clés : fragmentation spatiale et territoriale, discontinuité naturelle et géographique (les îles grecques occupent 20% du territoire national ; les îles sont de petite échelle, autant en surface qu'en population) ; 16 000 km de côtes ; 85% de la population habite à moins de 50 km de la côte.
La Grèce est donc un pays insulaire et côtier. L'existence et l'identité de la Grèce viennent de la mer. La philosophie grecque, selon les philosophes Félix Guattari et Gilles Deleuze, vient de cette territorialisation, déterritorialisation, reterritorialisation[2].

---

[2] Félix Guattari, Gilles Deleuze, *Qu'est-ce que la philosophie*, 1991.

60% du PIB est produit dans la zone côtière. Une territorialisation s'accroît : on attend, pour 2025, que 86% de la population vive dans cette zone.
Quelques données sur les îles : contraintes, impacts, atouts territoriaux.
Je sors d'un colloque international de trois jours à Athènes, sur nature et culture, à l'occasion de l'année européenne du patrimoine 2018 et je suis influencée par les interventions d'environ 25 pays. Il faut reconnecter nature et culture. Cette interaction se fait dans les îles, et les transports doivent participer à ce mouvement. La culture, matérielle et naturelle, est très importante pour l'identité locale et la qualité de vie des personnes insulaires. Bien sûr, la mobilité est importante, mais ce ne sont pas les autoroutes qui comptent en Grèce.
On a beaucoup parlé du défi que constitue la cohésion territoriale pour un espace insulaire ; à partir de 2008 (livre vert sur la cohésion territoriale), jusqu'à 2018, tout le monde parlait de *roads equivalent tarif*. L'outil a d'abord été introduit, puis supprimé, en Corse. Des bonnes pratiques semblables existent également en Ecosse, au Canada ; mais, dans ces pays, les transports de courte distance appartiennent à l'Etat, qui peut alors facilement mettre en place de genre d'outil comparable à du transport routier. En Grèce, malgré le fait qu'il y avait plusieurs suggestions, en juillet 2018, la Grèce instituait un transport routier par la loi 45-51, avec un instrument qui vise le développement régional en combinant des aspects purement territoriaux et sociaux et des objectifs de cohésion. Son lancement s'inspire des bonnes pratiques dont on vient de parler. Dans une phase d'essai, il correspond à une manière d'acheminer les marchandises par voie maritime. Ce coût de transport aurait été moins élevé par voie terrestre. Si vous venez à Iraklià, dans les Cyclades, vous serez impressionné par le coût des denrées dans les supermarchés ; il est supérieur aux prix pratiqués à Paris, en raison des coûts de transport.
Le prix des transports est donc un véritable problème pour l'espace insulaire et micro-insulaire.

La question de la mobilité et des transports dans l'espace insulaire doit aujourd'hui être intégrée à l'ensemble de la question imposée par l'espace maritime spatial, selon la directive européenne intégrée par la loi 45-46-2018 en Grèce. Elle doit obéir à l'application de concepts de multiples usages (le transport, en effet, est un usage), c'est-à-dire à la coexistence équilibrée de plusieurs activités de transport maritime (tourisme, marchandises, courte distance, pêche, aquaculture, énergie, héritage culturel sous-marin). L'innovation dans le domaine du transport maritime doit être combinée avec les initiatives régionales de spécialisation, pour être financée.
Le transport doit être intégré dans un but d'efficience, de performance économique, d'identité et de qualité, pas seulement du service.

Les Pays-Bas, un pays cycliste

Laurens ZWAAN
Researcher Associated with Erasmus University Rotterdam and consultant in the domain of public management with Leeuwendaal (Pays-Bas)

Les Pays-Bas sont le pays cycliste numéro un en Europe. Malgré tout, aux niveaux national, provincial et municipal, des politiques sont mises en place pour donner au vélo une part plus importante de notre mobilité. Les avantages sociaux, économiques et environnementaux sont des motivations fortes pour ces politiques. Mais il est important de réaliser que, pendant plus d'un siècle, les Hollandais ont acquis une position de leader en tant que pays cycliste. Le cyclisme est fortement intégré dans la culture néerlandaise.

La situation géographique et démographique a pu jouer un rôle dans la position privilégiée de la bicyclette dans la culture néerlandaise. La plupart des régions des Pays-Bas sont plates, ce qui rend l'usage du vélo plus aisé, bien que l'introduction de vélos à assistance électrique (e-bike) aient fait de cet avantage géographique un élément moins important. Les Pays-Bas sont un territoire petit et densément peuplé, et les distances sont relativement courtes. Et bien avant que les avantages sociaux, économiques et environnementaux soient devenus un facteur de déterminant, plus d'un siècle auparavant, l'infrastructure pour la pratique du cyclisme a retenu l'attention. Même au début du XXe siècle, des pistes cyclables séparées ont été construites et une signalisation routière indiquant les itinéraires cyclistes a été mise en place.

Comme illustration de la forte culture cycliste, les Pays-Bas connaissent les pendants de l'Association Automobile Britannique (AA) ou de l'Automobile Club de France (ACF) dans le domaine non de l'automobile, mais de la bicyclette. Le service royal touristique néerlandais ANWB (www.anwb.nl) est une association néerlandaise pour le trafic et le tourisme, fondée en 1883, comme l'Association cycliste néerlandaise. Dès le début, cette organisation a stimulé la réalisation de routes et de pistes cycliste distinctes. Avec plus de 4 millions de membres, c'est la plus importante association aux Pays-Bas et un lobbyiste puissant, bien que certains critiques disent que de nos jours ANWB, comme principal fournisseur de service de dépannage (depuis 1946), est devenu plus un lobbyiste de la voiture qu'un lobbyiste de la bicyclette.

À la suite de plus d'un siècle de politiques bénéficiant au vélo, les Pays-Bas disposent d'une infrastructure favorable pour les cyclistes. Il y a plus de 35 000 kilomètres de pistes cyclables (CBS, 2015). Les gares ferroviaires bénéficient de stationnements gardés pour vélos. À la gare centrale d'Utrecht au printemps 2019, le plus grand stationnement pour vélos du monde recevra jusqu'à 12 500 vélos[1]. Dans tous les Pays- Bas, des panneaux spéciaux (rouge sur blanc) indiquent le meilleur itinéraire pour bicyclettes.

Les Néerlandais ont plus de vélos que de personnes. Il y a 24 millions de bicyclettes dont 2 millions de vélos électriques pour une population de plus 17 millions. Plus d'un quart de tous les déplacements (27%) des résidents néerlandais sont parcourus à vélo (pour comparaison, au Danemark c'est 18 %, la France 3 %, le Royaume-Uni 2 %.). Cela signifie un total annuel de 4,5 milliards de voyages à vélo, s'étendant sur une distance de 15,5 milliards de kilomètres vélo. Dans les zones urbaines, le vélo est même le moyen de transport domicile-travail le plus important, bien qu'il existe des différences importantes de chiffres selon les villes[2] (Harms & Kansen, 2018).

L'aspect culturel se traduit dans la différence d'utilisation de la bicyclette entre le Néerlandais et les immigrés non occidentaux qui font beaucoup moins usage de la bicyclette. Néanmoins avec 21 % des voyages faits en vélo, même ces nouveaux arrivants aux Pays-Bas utilisent la bicyclette significativement plus que les habitants de la plupart des pays européens.

Les avantages du vélo

Les avantages du cyclisme sont nombreux et ont été soigneusement étudiés. Nous pouvons discerner des avantages dans le domaine environnemental, spatial, social, sanitaire et des avantages économiques.

À une époque où le climat et l'environnement sont des préoccupations croissantes, la bicyclette offre un moyen alternatif de transport écologique. Chaque sept kilomètres parcourus en vélo plutôt qu'en voiture économise une émission de 1 kilogramme de gaz carbonique, 1,5 gramme d'oxydes d'azote et 7 milligrammes de matière particulaire. Le remplacement de tous ces voyages en voiture par du vélo permettrait d'économiser environ 2,0 mégatonnes de gaz carbonique, 2,6 kilotonnes d'oxydes d'azote et 0,13 kilotonnes de particules par an. En ce qui concerne la réduction du bruit du trafic, la réduction de moitié du trafic motorisé correspond à une atténuation du bruit de 3 dB (Harms & Kansen, 2018; Hendriksen & Van Gijlswijk, 2010).

Dans les zones urbaines où l'espace est rare, les avantages spatiaux sont évidents. Une voiture en mouvement prend 28 fois l'espace d'une bicyclette. Une voiture garée prend 10 fois l'espace d'une bicyclette (Van Liere, been & Knol, 2017). En outre, dans les zones urbaines, faire stationner une bicyclette à proximité de sa destination est beaucoup plus facile que de garer une voiture, et lorsque vous voyagez à vélo, une heure d'arrivée peut être estimée avec plus de précision (Harms et coll., 2017).

Les avantages environnementaux mentionnés ont également un effet positif sur la santé (De Hartog, J., et coll., 2010 ; Nijland, 2017). En combinaison avec d'autres facteurs de santé, tels que l'exercice physique quotidien effectué par les cyclistes, les effets du cyclisme sur la santé sont importants. Faire du vélo régulièrement améliore la sensation de bien-être, tant physiquement que mentalement (Singleton, 2018). En outre, il encourage l'interaction sociale, qui non seulement donne un avantage physique, mais aussi contribue à la cohésion sociale (Te Brömmelstroet et al., 2017). L'utilisation quotidienne du vélo, pour aller au travail ou à l'école, réduit le risque de décès prématuré de 41 %. L'effet mesurable s'applique à des degrés divers à différentes maladies cancer, insuffisance cardiaque, diabète, dépression et autres.

Sur le plan économique, le cyclisme est aussi un concept. Le vélo offre un moyen simple, bon marché et flexible de transport qui est disponible à tout moment (Harms et coll., 2017). Les coûts du cyclisme sont de beaucoup inférieurs par kilomètre à d'autres formes de transport. Les coûts annuels du cyclisme sont estimés de 175 à 300 euros. Par comparaison, les coûts impliqués par l'usage d'une voiture sont estimés de 2500 à 8500 euros par an, basés sur un kilométrage moyen annuel (Hendriksen & Van Gijlswijk, 2010). Dans les zones urbaines, un kilomètre à vélo donne un avantage social 0,65 euro alors que l'utilisation des voitures coûte 0,37 kilomètre et du bus 0,29 euro par kilomètre (décision, 2017 ; Harms & Kansen, 2018). Le coût d'infrastructure par kilomètre voyageur est de 0,03 pour la bicyclette, de 0,10 pour les voitures, de 0,14 pour l'autobus et de 0,18 pour les trains (Harms & Kansen, 2018).

Développement et politiques sous-jacentes

Le progrès technique, en particulier le développement de l'e-bike, apporte de nouvelles possibilités et les résultats sont déjà visibles. L'utilisation de l'e-bike à des fins récréatives se développe rapidement dès les années soixante. En même temps, il y a une augmentation de l'utilisation du vélo électrique pour une plus longue distance au travail en particulier chez les cyclistes entre 40 et 50 ans, et une utilisation croissante de l'e-bike pour le trajet à l'école parmi les personnes en dessous de la trentaine (Harms & Kansen, 2018).

Les politiques de transport public ont élargi leur spectre pour rpenser la politique de mobilité comme une chaîne ou un système. Cela signifie par exemple des investissements en parkings-vélo dans les gares ferroviaires ou d'autobus. Des abonnements combinés sont également offerts, dans lesquels le cycliste venant de la maison en vélo, peut garer la bicyclette à la gare, voyager par le train ou l'autobus et ensuite utiliser une forme de vélos publics de la gare pour aller au travail ou à l'école. En 2015, il y avait déjà 277 gares équipés de vélos publics disponibles, 177 000 abonnements et 1,9 millions de déplacements.[3]

Des pistes cyclables séparées dans les zones urbaines et des pistes cyclables aux côtés de routes provinciales sont désormais classiques aux Pays-Bas. L'infrastructure cependant est modernisée, par exemple avec des ronds-points adaptés aux cyclistes (Van der Wijk, 2012). Le développement des voies rapides pour les vélos est beaucoup plus récent. Le but est d'avoir 675 kilomètres de voies rapides en 2025 (Ter Avest & Coffeng, 2015).

L'administration nationale, l'association des provinces (IPO), l'association des municipalités (VNG), l'union des services des eaux, les régions de transport, plusieurs acteurs du secteur privé, plusieurs Instituts de connaissance et plusieurs partenariats de vélo ont regroupé leurs forces sous le nom de «

Tour de force 2020 »[3]. Ils ont approuvé un programme visant à stimuler le cyclisme (Tour de force 2020, 2015). L'objectif principal de ce programme est d'augmenter de 20% le nombre de kilomètres de déplacement en vélo dans la période 2017-2020.

En 2017, le gouvernement a réservé 100 millions d'euros pour le cofinancement des infrastructures provinciales et municipales de bicyclettes (CDA, VVD, D66 fr ChristenUnie, 2017). C'est aux provinces et aux municipalités qui de réaliser les infrastructures nécessaires. Par exemple, la ville d'Amsterdam a élaboré un plan vélo pour 2017 – 2022 avec un budget de 351 millions d'euros (Gemeente Amsterdam, 2017). C'est à peu près le même chiffre que l'administration du Président Macron veut consacrer pour cette période au développement du cyclisme pour toute la France[4].

Comment les autres pays peuvent-ils bénéficier de l'exemple néerlandais ?

Les avantages du cyclisme montrés dans le cas Néerlandais peuvent être copiés dans d'autres pays. Il faut définir les bonnes conditions et faire des efforts et des investissements aux niveaux national, régional et local. En ce qui concerne les avantages économiques, on a démontré dans le cas néerlandais qu'il est de bonne politique d'investir dans les infrastructures cyclables. Les organisations de transports publics pourraient jouer un rôle important en offrant des combinaisons intelligentes entre bicyclette et transports en commun. Des politiques ciblées telles que les avantages fiscaux d'accompagnement lors de déplacements à vélo pourraient servir d'impulsion.

Il y a cependant plus qu'un défi technique et financier. L'utilisation de la bicyclette comme une option évidente et

[3] http://tourdeforce2020.nl/

[4] https://www.citycle.com/52329-plan-velo-national-encourager-bicyclette/

naturelle de transport pour aller au travail ou à l'école est aussi une question de schémas comportementaux, en d'autres termes, une question de culture. Les Hollandais ont une forte culture du vélo accumulée depuis plus d'un siècle. Changer le comportement des gens prendra du temps et nécessitera des efforts. Les avantages du vélo doivent faire l'objet de communications claires et répétées.

Bibliographie

CBS. (2015). *Factsheet. The Netherlands: cycling country.* The Hague: CBS.

De Hartog, J., et al. (2010). "Do the health benefits of cycling outweigh the risks?". In: *Environmental health perspectives* 118.8 (2010): 1109.

Decisio. (2017). *Waarderingskengetallen MKBA Fiets: state-of the art*. Amsterdam: Decisio.

Gemeente Amsterdam. (2017). *Voor fietsers en een gezonde en bereikbare stad. Meerjarenplan fiets 2017-2022.* Amsterdam.

Harms, L. et al. (2017). *Stabiele beelden verdiept; trends in beleving en beeldvorming van mobiliteit.*
The Hague: Kennisinstituut voor mobiliteitsbeleid. Ministerie van Infrastructuur en Milieu.

Harms, L & Kansen, M. (2018). *Cycling facts. Netherlands Institute for Transport Policy Analysis, KiM.*
The Hague: Ministry of Infrastructure and Water Management.

Hendriksen I. & Van Gijlswijk, R. (2010). *Fietsen is groen, gezond en voordelig.* Leiden: TNO.

Nijland, H. (2017): Fietsen leidt tot langer en gezond leven. The Hague: Planbureau voor de leefomgeving.

République Française. (2018) *Plan vélo & mobilités actives.* Paris.

Singleton, P. (2018), "Walking (and cycling) to well-being: Modal and other determinants of subjective well-being during the commute." In: *Travel Behaviour and Society.*

Te Brömmelstroet, M. et al. (2017), "Travelling together alone and alone together: mobility and potential exposure to diversity." In: *Applied Mobilities* 2.1: 1-15.

Ter Avest, R. & Coffeng, G. (2015). "Fietssnelwegen, nieuwe succesformule." In: *OTAR*. 3: 57-59. Tour de force 2020. (2016). *Agenfa fiers 2017 – 2020.* The Hague.
Van der Wijk, W. (2012). *Bicycles & roundabouts.* Amersfoort: Royal Haskoning DHV.
Van Liere, B., Beens, O. & Knol, A. (2017). Van wie is de stad? Amsterdam: Milieudefensie.
VVD, CDA, D66 en ChristenUnie. (2017). *Vertrouwen in de toekomst. Regeerakkoord 2017 – 2021.*

Table ronde : les politiques territoriales de transports et de la mobilité, partages d'expériences

Guillaume GUERIN

Premier adjoint au maire de Limoges

En quoi une politique de transports peut-elle redynamiser une zone urbaine ou une commune ?

Il s'agit d'abord de voir ce que l'on veut en termes de mobilités à la fois en Limousin et à Limoges. Quel est l'avenir de Limoges en termes de mobilité ?

M. Le Breton disait tout à l'heure que le droit à la mobilité est le droit des droits. Si tel est le cas, on ne va pas avoir beaucoup de droits en Limousin.

M. Ravalet a indiqué : « choisissons nos combats » ; c'est un point majeur. Dans cette région, on a eu beaucoup de revirements, des choix contradictoires… c'est sans doute pour cela que nous ne sommes pas mieux desservis en termes d'infrastructures.

J'entends différents intervenants dire que Limoges n'est pas désenclavé. N'importe qui qui prend le train régulièrement ici vous dira le contraire. Le salon des maires de la semaine dernière en est un exemple à la fois récent et percutant : le train de six heures n'est pas parti pour arriver à Paris. Ce n'est pas très grave, direz-vous : ce ne sont que des élus locaux, pas des chefs d'entreprises. Mais le train est arrivé à Austerlitz (une gare bien moins pratique que Montparnasse !) avec un retard considérable ; les élus qui avaient des points importants à aborder pour l'avenir de leur collectivité sont arrivés sur le lieu de leur rendez-vous avec au moins deux heures de retard.

Il y a donc un vrai défi pour Limoges et pour son territoire ; il faut en effet replacer Limoges dans son territoire, sur les mobilités externes (lignes TER, routier, et question du numérique) comme internes.

Aujourd'hui, une ligne Limoges-Angoulême subit des diminutions de 50% de ses usagers. Au lieu d'une heure quarante autrefois, il faut deux heures et demi pour parcourir la ligne. On est en train de remplacer des rames TER par des bus qui roulent au diesel.
La ligne Limoges-Sarlat, quant à elle, a été supprimée par SNCF-réseaux en raison d'un désengagement de l'Etat. Cela étant dit sans viser le gouvernement actuel, car les précédents sont tout aussi responsables.
Le sujet des lignes à grande vitesse pose la question de la place du Limousin et de Limoges en France et en Europe. Certes, une gare LGV ne fait pas tout, c'est une évidence. Certes, les retombées économiques sont extrêmement variables. Mais la comparaison proposée par M. Ravalet n'a été faite qu'avec des villes qui sont desservies par des nœuds autoroutiers importants, et par un trafic aérien important.
Le problème n'est donc pas tant que nous n'ayons pas obtenu cette fameuse LGV, mais que nous avons une ligne POLT qui régresse en termes de régularité, de ponctualité et de qualité de service, par rapport à ce que Robert Savy réclamait à l'époque (Capitole) ; il n'y a donc pas de desserte ferroviaire digne de ce nom. Dans le monde aérien, un déblocage se fait sentir depuis six mois.
Comment continue-t-on à développer la ville face à une telle absence chronique d'infrastructures ?
Il faut également se pencher sur les mobilités internes : l'agglomération et la ville ont fait le nécessaire pour qu'il y ait un minimum de mobilités urbaines convenables et une amélioration des transports en commun ; on réfléchit aujourd'hui aux mobilités douces et à la piétonisation du centre-ville (même si le relief est beaucoup plus variable que celui des Pays-Bas, ce qui doit être pris en compte).
Mais si demain matin nous ne sommes pas desservis par des solutions suffisantes, autant en termes de mobilité externe que de mobilité interne, il est inutile de s'attendre à voir arriver des flux de personnes. Le désenclavement est indispensable.

Sur la route, il existe une autoroute Toulouse-Paris, mais rien en est-ouest. Le projet de la RN 147 est dans les cartons depuis vingt ans. Aujourd'hui, on fait 600 m de route par an. Si on continue avec le CPER actuel, on aura achevé la RN en 2172.
M. Massy prône la mise à 2x2 voies de la RN ; la municipalité est à fond derrière ce projet. Mais je suis inquiet quand je vois un ministre des transports se déplaçant la semaine dernière en Limousin et ne parlant pas une fois d'un euro de l'Etat investi.

Margot BONNAFOUS
Responsable de formation à l'Euro-Institut de Kehl (Allemagne)

L'extension du tram strasbourgeois jusqu'à Kehl est un grand projet transfrontalier. Nous nous limiterons à quelques éléments descriptifs. Kehl est la ville frontalière allemande, juste de l'autre côté du Rhin.
Strasbourg compte actuellement 280 000 habitants ; avec la métropole, cela fait 490 000 habitants. Kehl est une ville intermédiaire de 35 000 habitants. Malgré cette différence, les deux villes sont très proches, à la fois géographiquement et grâce à de nombreuses opérations au niveau local, dans une politique particulièrement dynamique.
Le projet s'inscrit dans le grand projet urbain strasbourgeois deux rives, qui concerne l'aménagement de 250 hectares de friche portuaire. Dans le cadre de ce projet, il y a 9 000 nouveaux logements de prévus, avec environ 1 000 nouveaux logements par an, ce qui représente, à terme, 20 000 nouveaux logements.
Le tram arrive dans ce quartier en 2017 et, depuis, il traverse le Rhin. Il est donc intéressant de noter un certain changement de paradigme. Dans ce projet urbain, l'offre de transport précède, en quelque sorte, l'urbanisation et contribue également à la façonner. Le tram est donc le moteur de ce nouveau projet urbain.
On peut considérer le tram comme la colonne vertébrale du nouveau quartier, qui rapproche davantage Strasbourg et Kehl, les deux villes étant considérées comme un quartier transfrontalier. « Une métropole transfrontalière à 360 degrés »,

explique le projet. L'extension du tram vers Kehl se fait en deux étapes. Le travail commence en avril 2007, jusqu'à l'arrêt Kehl-Bahnhof, premier arrêt juste après le Rhin. Il y a une semaine, le tram arrive à deux autres arrêts, donc jusqu'au centre-ville de Kehl.
En-dehors du projet d'urbanisation de rives et du rapprochement des deux villes, une autre raison importante qui décide du projet, c'est la circulation. Actuellement en effet, 36 000 véhicules franchissent le Rhin chaque jour, dont deux tiers relèvent de la mobilité locale. Le chiffre est encore plus haut le samedi.
L'opération a un coût important : plus de 100 millions d'euros pour la mise en place du tram, avec la construction de deux ponts ; 70 millions sont à la charge de l'eurométropole de Strasbourg, et plus de 40 000 millions à la charge de la ville de Kehl. Des cofinancements proviennent des Etats et des collectivités, ainsi qu'un financement indirect de 3.25 millions.
Dans un tel projet, il est important de penser à une bonne gouvernance. D'indéniables différences techniques et juridiques existent entre les deux rives du Rhin, et une bonne gouvernance transfrontalière est indispensable. Il ne faut pas oublier les citoyens, qui ont été associés à chaque étape du projet, ce qui est garant de son aboutissement et de sa réussite.

Jacques MIGOZZI
Vice-président de la communauté d'agglomération Limoges
Au 1er janvier 2019, la communauté d'agglomération deviendra communauté urbaine.
Nous verrons la stratégie adoptée par la communauté d'agglomération, en tant qu'autorité organisatrice de la mobilité, pour la décennie à venir.
Un de nos premiers objectifs doit être d'accompagner la baisse de l'usage de la voiture, d'affirmer la place de la marche et du vélo dans les déplacements de proximité. L'idée étant que, dans la zone dense (puis sur le reste du territoire), l'offre de transports collectifs se renforce ; il faut diminuer la tentation de prendre la voiture, alors que Limoges s'est précisément bâtie autour de la

voiture depuis une bonne trentaine ou quarantaine d'années. Il en va de la cohésion territoriale. Il s'agit de proposer une alternative aux habitants des communes alentour, en particulier des communes périurbaines : 83% des emplois se situent dans la ville-centre. Il nous faut aussi tenir compte des besoins de mobilité différents, avec l'augmentation inéluctable du nombre de seniors que nous promet l'INSEE. Pour ce faire, il faut faciliter les échanges entre les communes péri-urbaines, les quartiers périphériques de Limoges et les pôles d'attraction qui leur sont proches (CHU, technopole Esther, campus universitaires, zones d'activité commerciale). Il s'agit aussi de veiller à la cohérence des politiques et à la convergence des projets, portés par les différents acteurs, en particulier la ville centre qui pèse beaucoup démographiquement dans l'agglomération. Parallèlement, en termes d'environnement et de santé, nous souhaitons améliorer une situation de départ plutôt déjà favorable tout en améliorant la vitesse et la sécurité.
Nous avons également choisi de promouvoir la transition énergétique du parc automobile ; nous pouvons nous appuyer sur une délibération du conseil communautaire d'octobre 2017. Cette dernière acte le principe de bus tout électriques pour le bus à haut niveau des services à l'horizon 2023-2024, et dans une perspective de décarbonisation du parc de transports en commun, le renouvellement à partir de 2024 de tout le parc de bus pour leur substituer un système entièrement électrique.
Il s'agit d'un projet global de modernisation du réseau de transport sur l'ensemble du territoire métropolitain ; il s'articule au plan d'urbanisme mais aussi au projet de requalification urbaine, qui engage une meilleure desserte de plusieurs quartiers identifiés comme prioritaires au titre des programmes nationaux et régionaux de rénovation urbaine : ce sont, ici, les zones de Beaubreuil, de la Bastide et du val de l'Aurence.
L'amélioration des conditions de mobilité dans l'agglomération est un vecteur de développement économique, de cohésion sociale et d'attractivité.

Nous visons, par ce projet d'amélioration des transports, à mieux relier les habitats denses, les activités économiques, les campus universitaires, et les commerces ; dans le même temps, on vise à désenclaver les quartiers prioritaires. On conservera l'armature du réseau des trolley-bus, en la couplant avec une desserte fine du territoire, repensée entre ces lignes principales et tout un réseau de lignes complémentaires rabattues par capillarité vers cette nouvelle colonne vertébrale. En zones périphériques, nous sommes résolus à élaborer un réseau de liaison inter et intra-communal tout à fait inédit.
L'une des originalités de ce projet de modernisation est la proposition d'une ligne dite de rocade, qui sera complémentaire de la toile centrale ; cette ligne circulaire reliera systématiquement tous les pôles d'échanges et les points de correspondance en entrée de ville.
Pièce centrale du puzzle, la mise en œuvre d'un bus à haut niveau de service à l'horizon 2023-2024. Ces deux lignes constitueront une forme de *cardo* et de *decumanus*.

Julien BUSSON
Chef de projet de Bus à Haut Niveau de Service (BHNS), Communauté d'agglomération Limoges-Métropole

Je suis chargé des bus à haut niveau de service, terme un peu barbare. Nous croyons à ce projet de bus à haut niveau de transport, mais il faut que le basculement de modèle soit total.
Nous ne voulons pas mettre en concurrence l'automobile et le transport en commun ; à l'échelle de Limoges, ce serait très compliqué. On partage les mêmes espaces de voirie, il faudra donc obligatoirement élaborer des compromis.
La clé de tout ceci, c'est donc une bonne gouvernance.

Richard DEPUICHAFFRAY

Responsable du bassin mobilité du nord-Limousin, représentant la Région

Je suis les services TER de la région sur les secteurs Limousin, en particulier les lignes Limoges-Angoulême et Limoges-Poitiers.

S'agissant du TER en Nouvelle-Aquitaine, cela représente 32 lignes ferroviaires sur le réseau, 34 010 km de voie ferrée, 304 gares et haltes TER, 194 rames à fin 2018, 515 millions d'euros investis par la région pour l'acquisition de 61 rames « Régiolis » ou « Régionn » ainsi que la modernisation des technicentres, c'est-à-dire de centres de maintenance pour les trains ; 10 nouveaux Régiolis devraient être livrés fin 2018 début 2019 (quelques problèmes de retard) ; le président Rousset en a inauguré un il y a quelques mois à Limoges ; un budget 2018 de 323 millions d'euros de fonctionnement et de 21 millions d'investissement.

La région Nouvelle-Aquitaine totalise 56 000 voyageurs quotidiens et 700 circulations par jour. A la fin de l'année 2017, le trafic connaissait une augmentation de 9,7%.

Il s'agit d'un réseau vieillissant et très dégradé. La région a demandé un audit à SNCF-réseau pour voir l'état du réseau sur toute la Nouvelle-Aquitaine. Le manque de maintenance et d'investissement, de la part de SNCF réseau comme de la part de l'Etat, est cause de ce mauvais état. Pour remettre le réseau à niveau, il faudrait investir, d'après l'audit, 1,143 milliards d'euros pour maintenir les lignes régionales, et 2.139 milliards pour maintenir les lignes structurantes. Limoges-Angoulême et Limoges-Saint-Yrieix-Brive souffrent de coupures sur les lignes ; des cars de substitution ont été mis en place pour maintenir une desserte, bien que dégradée. D'autres lignes sont en danger sur la région. La Rochelle-La Roche-sur-Yon, Agen-Périgueux, Libourne-Bergerac... Sur cette dernière ligne, des régénérations sont prévues en 2019.

Les temps de trajet sont allongés, il faut prendre en compte les ruptures de charge, une augmentation de la contribution de la

région… Face à ce constat, le président Rousset a saisi l'Etat pour demander la mise en place d'un plan rails ambitieux.
Malgré ces difficultés, la région est actrice dans ce domaine, en particulier en faveur du désenclavement du Limousin, à travers plusieurs opérations : la région va financer, pour éviter une nouvelle détérioration de la ligne Saint-Yrieix-Limoges, une rénovation du secteur Nexon-Saint-Yrieix (5 millions d'euros ; la région finance seule ces travaux, SNCF réseau n'ayant pas souhaité y participer) ; finance les travaux sur le POLT (à hauteur d'1.5 million sur des installations permanentes de contresens à La Souterraine) ; sur la ligne Limoges-Poitiers, cette année, des régénérations de voies ont eu lieu pour 1.14 million de travaux.
Dans le domaine de la circulation, en 2017, suite à la mise en place du nouveau Service Annuel (SA), des services de train rapide ont été effectués sur la ligne Limoges-Périgueux-Bordeaux, sans correspondance à Bordeaux, ce qui permet un gain de temps de trente minutes. Trois nouveaux trains ont été créés entre Limoges et Périgueux, avec une meilleure répartition des horaires le soir et le matin ; on attend l'arrivée du Régiolis sur cette ligne.
Avec la nouvelle loi NOTRe, le transport ferroviaire et routier est confié à la région. Des chantiers sont en cours pour améliorer l'intermodalité ; des travaux sont en cours avec Limoges-Métropole, le BHNS et d'autres moyens de transport qu'ils mettent en route.

Stéphan BARRIERE
Direction des transports routiers de voyageurs, Pôle TIMCV, Région Nouvelle-Aquitaine

Je souhaite aborder deux points : présentation de la situation et des enjeux actuels ; présentation de cinq enjeux.
1-La situation actuelle
C'est la suivante : la région est compétente depuis le 1er janvier et le 1er septembre 2017 en matière de transports urbains et de TAD (Transports à la demande, c'est-à-dire, dans le cas présent,

essentiellement des cars). Quelques chiffres : le transport scolaire, ce sont 210 000 élèves inscrits, 5900 circuits, 3600 véhicules. Les enfants vont de la maternelle au lycée.
Le transport inter-urbain représente 15 000 usagers par jour, 244 lignes, 1 100 véhicules. Le TAD, cœur de la mobilité des gens qui ne peuvent se déplacer autrement, compte cent dispositifs existant au sein de la région Nouvelle-Aquitaine.
Un point en termes d'opérateurs et de partenaires : il y a deux régies régionales de transport, en Haute-Vienne et dans les Landes ; une société publique locale implantée dans les Landes ; une société mixte ; 1 500 marchés scolaires et interurbains (150 transporteurs, 35 concessions, 900 AO2 : autorités organisatrices de deuxième rang, représentants de communautés de communes et de syndicats, qui ont une partie de la compétence régionale et appliquent au plus près des territoires la politique de la région, qui ne peut pas, compte-tenu de sa taille, intervenir à ce niveau de finesse).
Ce mode de gestion et cette compétence rendent les choses très compliquées, sur un territoire de 12 départements allant de la Gironde, le département le plus vaste de France, à la Creuse, la Lozère et au Lot-et-Garonne, qui font partie des départements les plus ruraux de France.
Nous sommes actuellement dans une phase de transition : nous digérons le transfert que les départements ont mis des décennies à structurer. Nous récupérons cette compétence qui est particulièrement forte. La région devra prochainement se prononcer sur les règlements de transports, l'harmonisation de la règlementation tarifaire (on va de la gratuité dans les Landes à 265 à 300 euros par an dans certains départements).
Sur la disparition et l'effacement des frontières départementales, la région aura aussi à réfléchir à faire une nouvelle offre. Il nous faut changer d'échelle, et nous inspirer, par exemple, de ce que fait l'Autriche.

2-Les enjeux sont de cinq ordres

Les enjeux sont d'ordre territorial, économique, environnemental, sécuritaire et modal.

L'enjeu territorial a déjà été partiellement abordé par M. Savy lorsqu'il disait que les décisions se prenaient à Bordeaux ; la région veut justement désigner des référents territoriaux dans chaque département pour plus de proximité. Autre aspect : l'existence des AO2 qui sont au plus près des territoires, qu'elles connaissent parfaitement ; ils sont nombreux à qualifier leur travail de « dentelle » ; c'est un travail de proximité intensif. Troisième élément : les 160 agents transférés des départements, qui intègrent la région, demeurent dans les sites départementaux, pour garder la proximité, répondre aux besoins des usagers et connaître le terrain.

Economiquement ensuite, l'enjeu pour la région Nouvelle-Aquitaine est de maintenir le tissu de commerces qui existe déjà : l'activité de transport est certes exercée par des grands groupes, mais également par des structures locales et familiales qui existent depuis longtemps.

Dans le domaine environnemental, les innovations sont nécessaires. Nous avons 4 600 véhicules. Il est fondamental pour la région de verdir la motorisation et d'expérimenter, comme dans les Landes, le gaz naturel sur les cars.

L'attention française a été attirée sur le problème de la sécurité à la suite de deux drames : à Millas sur la voie ferrée et un enfant oublié dans un car en Guadeloupe retrouvé mort. Le président Rousset nous demande de travailler sur des modalités d'intervention.

L'intermodalité, enfin, est le dernier enjeu dont nous devons nous préoccuper. Puisque la région est désormais compétente en matière ferroviaire et routière, il nous faut lier les deux, trouver une cohérence et faire en sorte que les moyens se complètent et ne s'opposent pas.

Loïc COUDERT

Secteur CGT des cheminots de Limoges

Il y a eu un colloque sur le ferroviaire, mardi dernier, à Bordeaux, organisé par le conseil régional. Sur ce débat, on nous a expliqué comment faire de la mobilité sans la SNCF et sans le ferroviaire. Aujourd'hui, on se rend compte que quand on porte le débat de la mobilité vers le social plutôt que vers l'économique, il se fait plus intéressant, mais également plus proche de notre réalité.

La réalité, aujourd'hui, c'est l'abandon de notre réseau, suite au désengagement de l'Etat depuis de nombreuses années, mais également la désertification du territoire. La communication sur la Lituanie a rappelé que tout se centralise sur la capitale et que les mobilités qui s'exercent ne se dirigent qu'hors du territoire, c'est ce que nous craignons pour la Nouvelle-Aquitaine. On observe d'ores et déjà une désertification de la partie ouest de la région, une centralisation sur l'ouest et en particulier sur trois bassins que sont Bordeaux, les Landes et la région de La Rochelle. En Limousin, que restera-t-il ? En l'état des choses, rien. La LOM, dont le dossier a été présenté en début de semaine, ne mentionne pas une seule fois le train, pas une fois le mot de service public.

13.5 milliards d'euros sont prévus dans cette loi, dont la moitié pour le ferroviaire. En Nouvelle-Aquitaine, 1.2 milliards d'euros d'investissement sont nécessaires. On sait déjà qu'il est impossible de résoudre l'équation ferroviaire sur notre périmètre. Sur la question du fret, nous souffrons depuis des années sur notre territoire de l'abandon du fret ferroviaire. Ni le fret SNCF, ni les entreprises privées, ne sont en mesure de faire du fret, comme nous avons dû l'annoncer à une entreprise qui cherchait ces services entre le Limousin et la côte atlantique il y a moins d'un mois. Cette entreprise ne pourra donc pas se développer, et désertera le territoire. L'économie du territoire souffre donc déjà de la situation.

On a parlé ce matin d'Egletons : quand on a le président d'une CCI qui est aussi président d'une entreprise BTP et qui fait la promotion de la route, un autre qui est représentant de l'aéronautique, on peut comprendre que certains enjeux soient au-delà de notre territoire. Bref, certes, il y a des investissements privés et publics sur les écoles d'Egletons ; la région finance le nouveau campus. Là aussi, le ferroviaire souffre depuis plusieurs années, la desserte connaît un net recul ; les directeurs d'écoles constatent la baisse régulière de la fréquentation de leurs écoles. A court terme, il leur sera donc impossible de continuer à ouvrir leurs portes aux étudiants ; l'économie d'une ville comme Egletons, qui ne vit presque que par ses écoles, va mourir. Si on ne consacre pas les moyens nécessaires à développer cet axe, on va vers la désertification complète.

Ce matin, M. Djebbari a repris les propos du vice-président du conseil régional, M. Vandenbroucke, sur les choix de la région qui avaient été de faire, pour reprendre ses mots, des « pansements » sur certaines lignes, et de dire que ce n'était pas forcément nécessaire, et qu'il valait mieux faire de lourds investissements. Mais les politiques menées depuis plus de trente ans ne sont pas remises en cause, alors qu'elles ont mené à un manque d'investissements ; on donne aux régions la compétence d'organiser leur transport mais elles sont obligées de le financer sans que des moyens leur soient accordés. On est donc obligés de procéder à ces pansements, en injectant quatre ou cinq millions par-ci ou par-là. L'Etat est donc libre ensuite de dire que si les transports lâchent, ce n'est pas de sa faute mais de celle des régions. Les politiques ne doivent pas oublier qui a la responsabilité des dernières lois qui ont été votées et qui ont abouti à une telle situation.

Conclusion : la SNCF n'est pas la seule responsable de la casse du ferroviaire.

Chapitre 4

L'Europe des transports au défi des droits sociaux et fondamentaux : une Europe low-cost ?

Les exigences sociales et la sécurité en transport routier de marchandises :

Le temps du travail et de repos, une harmonisation à poursuivre ?

Barbara PALLI
Maître de conférences à l'Université de Lorraine, Institut François Gény

A défaut de disparaître purement et simplement, le métier de chauffeur routier dans les transports de marchandises (TRM) va sûrement beaucoup évoluer dans les dix années à venir[5]. En attendant cette révolution copernicienne[6], il continuera

---

[5] Tesla, Daimler, Uber ont déjà testé des camions autonomes en présence à bord du véhicule d'un conducteur susceptible d'assurer le relais en cas de « bug » du système des caméras et des capteurs nécessaires à son fonctionnement. Cette innovation technologique, lorsque elle sera perfectionnée, aura sans doute des conséquences sur la sécurité routière dans la mesure où elle pourra vraisemblablement diminuer, jusqu'à faire disparaître (?), les risques liés à la fatigue, à la consommation d'alcool ou de stupéfiants ou tout simplement au caractère monotone de la conduite sur autoroute. La Start-up californienne Strarsky Robotics, est d'ailleurs passée à « la vitesse supérieure ». En mars 2018 elle annonçait déjà tester de camions entièrement automatisés sans présence humaine à bord du véhicule à l'exception d'une assistance à distance à partir d'une base fixe. Le patron de la start-up expliquait à cette occasion : « Nous pouvons offrir un meilleur mode de vie aux conducteurs » , ou du moins remédier à la pénurie chronique de la main d'œuvre dans ce secteur. En effet, le secteur de transports routiers de marchandises est connu pour ses difficultés de recrutement. Selon différentes enquêtes, ce manque de vocations serait dû principalement à des conditions de travail difficiles et à une rémunération relativement faible.

[6] La Commission aux Transports est d'oers et déjà à pied d'œuvre pour la préparer. European Commission Decision C(2018)4708 of 24 July 2018.

d'y avoir des chauffeurs routiers sillonnant l'Europe. Or depuis la libéralisation du marché des transports (à l'exception du cabotage qui reste règlementé[7]), et les élargissements successifs de l'Union européenne, le TRM est sous tension. En effet, l'élargissement de l'Union en direction d'abord du Sud puis de l'Est a eu pour conséquence la démultiplication de l'offre de services de transport, devenue supérieure à la demande, d'où une concurrence exacerbée sur les prix. Eu égard au fait que le coût de la main d'œuvre constitue la principale valeur d'ajustement, les entreprises boîtes à lettres établies dans les pays à bas coût ont proliféré[8] de même que le recours à la sous-traitance en cascade avec, au bout de la chaîne, des chauffeurs routiers indépendants, exclus par hypothèse des conditions de travail minimales[9].

Cette concurrence vers le service de transport le moins cher met en péril aussi bien la sécurité routière que la sécurité et le bien-être des chauffeurs routiers (salariés ou indépendants) impliqués dans ces montages juridiques. Face à ce risque réel, seul le rapprochement des « exigences sociales » applicables au transport routier des marchandises serait en mesure d'assainir la concurrence (entre opérateurs de transport) et de garantir aussi bien la sécurité (physique, mentale et matérielle) des chauffeurs routiers que celle des utilisateurs des autoroutes européennes.

Horizon 2020, Work programme 2018-20, Smart, green and integrated transport.

[7] Art.8 du règlement n°1072/2009/CE établissant des règles communes pour l'accès au marché du transport international de marchandises par route. Voir également la proposition de modification dudit règlement en vue de l'adapter aux évolutions du secteur, COM(2017)281 final.

[8] Dans l'objectif d'assurer principalement le transport des marchandises en direction des pays à coûts sociaux élevés.

[9] Voir en ce sens, Etude pour la Commission des transports et du tourisme, Les transporteurs routiers de marchandises dans l'Union européenne : conditions sociales et de travail, 2017, http://www.europarl.europa.eu/RegData/etudes/STUD/2017/602000/IPOL_STU(2017)602000_FR.pdf

L'expression « exigences sociales » renvoie aux conditions d'emploi, de travail et de sécurité sociale des chauffeurs routiers. Cependant, seules certaines de ces conditions ont fait l'objet d'une harmonisation au niveau européen. Il y a des règles communes relatives aux conditions à respecter pour exercer la profession de transporteur par route ou pour avoir accès au marché international de marchandises par route[10]. Un certain rapprochement (minimal) des législations nationales en matière de temps de travail et de repos des chauffeurs routiers est également mis en œuvre[11]. En revanche, le salaire ou plus globalement la rémunération des chauffeurs routiers occupés dans le TRM, relèvent encore à l'heure actuelle du domaine de compétence des Etats membres régi par le Règlement Rome I[12], ce qui pose un problème de concurrence dans le cadre des opérations de transport international et de cabotage. Quelle est la rémunération des chauffeurs routiers exerçant leur activité à l'international ? A quel est régime national de sécurité sociale devraient-ils être rattachés ?[13] A ces questions des réponses peu satisfaisantes sont apportées par la directive détachement[14] ainsi

---

[10] Règlement européen 1071/2009 du 21 octobre 2009, établissant des règles communes sur les conditions à respecter pour exercer la profession de transporteur par route, JOUE L300/51 du 14.11.2009 ; Règlement européen 1072/2009 du 21 octobre 2009établissant des règles communes pour l'accès au marché du transport international de marchandises, JOUE L300/72 du 14.11.2009.

[11] Règlement n°561/2006 du 15 mars 2006, relatif à l'harmonisation de certaines dispositions de la législation sociale dans le domaine des transports par route, L102/1, 11.04.2006.

[12] Règlement n°593/2008 du 17 juin 2008 sur la loi applicable aux obligations contractuelles (Rome I), JOUE L177/06, 4.07.2008. Voir CJUE 15 mars 2011, C-29/10, aff. Koeltzsch.

[13] Pour la réponse à ces questions voir notre article co-écrit avec J-P Lhernould, Le statut social du chauffeur routier international à la lumière des dernières propositions législatives communautaires, *Dr. Soc.* décembre 2017, p.1057.

[14] Directive 96/71/CE du 16 décembre 1996, concernant le détachement de travailleurs effectué dans le cadre d'une prestation de services, L18/1, 21.01.97.

que le règlement de coordination des systèmes de sécurité sociale[15].

L'inadaptation de la directive détachement au regard notamment du caractère hautement mobile de l'activité des transports a conduit à ce que la directive n°2018/957 du 28 juin 2018[16] subordonne son application aux transports routiers de marchandises à l'adoption *« d'un acte législatif modifiant la directive 2006/22/CE*[17] *quant aux exigences en matière de contrôle et établissant des règles spécifiques en ce qui concerne la directive 96/71/CE et la directive 2014/67/UE*[18] *pour le détachement de conducteurs dans le secteur du transport routier »*. Ce faisant, ladite directive reconnaît en substance que les opérations de TRM, dès lors qu'elles ont un caractère transnational, relèvent bel et bien du détachement. Cette qualification est pourtant inadaptée pour deux raisons principalement. D'une part, parce que l'activité de TRM à l'international est permanente pour les entreprises du secteur alors que le détachement n'a lieu que dans le cadre d'une ou plusieurs prestations de service déterminées, d'autre part car le chauffeur routier à l'international est par hypothèse mobile et n'a

---

[15] Règlement (CE) n°883/2004 du 29 avril 2004 portant sur la coordination des systèmes de sécurité sociale ; Règlement (CE) n°987/2009 du 16 septembre 2009 fixant les modalités d'application du règlement (CE) n° 883/2004 portant sur la coordination des systèmes de sécurité sociale.

[16] Directive 2018/957 du 28 juin 2018 modifiant la directive 96/71/CE concernant le détachement de travailleurs effectué dans le cadre d'une prestation de services, L173/16, 9.7.2018, article 3§3.

[17] Directive 2006/22/CE du 15 mars 2006 établissant les conditions minimales à respecter pour la mise en œuvre des règlements du Conseil (CEE) no 3820/85 et (CEE) no 3821/85 concernant la législation sociale relative aux activités de transport routier et abrogeant la directive 88/599/CEE du Conseil, L102/35, 14.4.2006.

[18] Directive 2014/67/UE du 15 mai 2014, relative à l'exécution de la directive 96/71/CE concernant le détachement de travailleurs effectué dans le cadre d'une prestation de services et modifiant le règlement (UE) no 1024/2012 concernant la coopération administrative par l'intermédiaire du système d'information du marché intérieur («règlement IMI»), L159/11, 28.5.2014.

donc pas de lieu de travail habituel[19] à la différence du travailleur détaché qui a vocation à retourner à son pays d'origine[20]. Par ailleurs, l'assimilation des opérations de TRM au détachement, implique un certain nombre de droits qu'il serait difficile, en pratique, d'assurer aux travailleurs mobiles, tel que le bénéfice d'une rémunération différente à chaque fois que le chauffeur routier traverse une frontière[21]. Plus fondamentalement, le détours (tout compte fait opportuniste) par la directive détachement, loin de régler de manière satisfaisante et définitive le problème de concurrence entre opérateurs de transports fondée sur les différences sensibles en termes de salaire, fermerait la porte au projet, déjà ancien, d'harmonisation des conditions du travail des routiers, alors que cette harmonisation, limitée dans un premier temps à la durée maximale de travail, de conduite et de repos ne demanderait qu'à être étendue aux autres conditions de travail dont le salaire.

Aussi, dans les développements qui suivent il sera question d'examiner le rapprochement des conditions de travail des routiers, dans son état d'accomplissement actuel, à savoir l'harmonisation de leur temps de travail (I) et de repos (II) ce qui permettra de tester la pertinence de cette méthode comme moyen d'assurer à la fois une concurrence saine entre opérateurs de transport, la sécurité des transports ainsi que celle (physique, mentale et matérielle) des chauffeurs routiers. Dans un troisième

---

[19] Sauf dans les conditions exposées par, CJUE 15 mars 2011, C-29/10, aff. Koeltzsch.

[20] Directive n°96/71/CE, article 2§1 *« Aux fins de la présente directive, on entend par travailleur détaché, tout travailleur qui, pendant une période limitée, exécute son travail sur le territoire d'un État membre autre que l'État sur le territoire duquel il travaille habituellement »*.

[21] Jusqu'à l'adoption de l'acte législatif précité, c'est la directive détachement 96/71/CE telle qu'elle était avant sa modification récente qui s'applique aux chauffeurs routiers. Ceci implique concrètement que pour les opérations internationales, y compris le cabotage, ils ont droit « au taux de salaire minimal » du pays d'accueil, chaque fois qu'il changent de pays...Voir en ce sens, Singuoirt L., Le transport routier détaché de la directive n° 2018/957, *BTJ*, novembre 2018, p.195.

temps, sera formulée une proposition concrète d'extension du processus d'harmonisation aux salaires (III).

I- L'harmonisation du temps de travail dans le TRM

Aussi curieux que cela puisse paraître, la durée du travail des chauffeurs routiers a fait depuis longtemps l'objet de plusieurs mesures d'harmonisation au niveau communautaire, bien avant les élargissements successifs des frontières de l'Union européenne vers le Sud et l'Est. En effet, le règlement n°543/69 du 25 mars 1969[22], pris en application d'une décision du Conseil en date du 13 mai 1965[23], relative à l'harmonisation de certaines dispositions ayant une incidence sur la concurrence dans les transports par route, énonçait déjà à l'époque qu'il était urgent de prendre par priorité des mesures concernant les temps de conduite et de repos dans les transports par route et de leur assurer une application uniforme. Ce règlement inaugural de 1969 fixait déjà des règles communes sans préjudice des dispositions plus favorables, notamment celles résultant de la négociation collective engagée au niveau national et/ou sectoriel.

Malgré une révision régulière dudit règlement, d'abord par le règlement n°3820/85/CE du 20 décembre 1985[24] puis, par le règlement n°561/2006/CE[25], l'harmonisation des conditions de travail des routiers est demeurée circonscrite à la durée maximale de conduite et de repos. Du reste, cet objectif limité n'a pas été tout à fait atteint ou du moins pas de manière satisfaisante. C'est pourquoi, dans le cadre de son paquet mobilité du 31 mai 2017 la Commission a proposé une nouvelle fois la révision du règlement n°561/2006/CE pour ce qui est des exigences « minimales » relatives aux durées maximales de conduite journalière et hebdomadaire et à la durée minimale des

---

[22] Relatif à l'harmonisation de certaines dispositions en matière sociale dans le domaine des transports par route, JO L77/49 du 29.03.69.

[23] JO n°63 du 3.04.1967, p.993/67.

[24] JO L370 du 31.12.1985, p.1.

[25] JO L102 du 11.04.2006, p.1.

pauses et des temps de repos journalier et hebdomadaire[26]. L'harmonisation des salaires n'y étant pas évoquée.

Cette proposition de réforme, qui aurait pu être davantage audacieuse, semble au contraire alourdir la charge de travail des chauffeurs routiers. La controverse qui l'accompagne offre néanmoins l'occasion de réexaminer dans toute sa complexité la notion communautaire du temps de travail des chauffeurs routiers, gage de la sécurité routière[27] mais aussi de concurrence loyale entre prestataires des services de transports (A). La définition du temps de travail des chauffeurs routiers de marchandises est complexe. Il y a en effet une multitude de sources de réglementation dérogatoires (au droit commun) dont il convient de tenir compte aussi bien au niveau européen qu'au niveau national (B).

A- Le temps de travail des chauffeurs routiers en droit de l'UE

La définition du temps de travail des chauffeurs routiers est dérogatoire au droit commun. Ce dernier est représenté notamment par la directive n°2003/88/CEE[28], dont l'article 2§1, définit le « temps de travail » comme *« toute période durant laquelle le travailleur est au travail, à la disposition de l'employeur et dans l'exercice de son activité ou de ses fonctions, conformément aux législations et/ou pratiques nationales »*. Cependant, l'article 14 de cette même directive précise que cette définition *« ne s'applique pas dans la mesure où d'autres instruments communautaires contiennent des prescriptions plus spécifiques (...) concernant certaines occupations ou activités professionnelles »*. Aussi, selon le considérant 14, *« les normes*

---

[26] COM(2017)277 final du 31 mai 2017.

[27] Voir en ce sens le Bilan social annuel du transport routier des marchandises, Commissariat générale au développement durable, éd. mai 2018 qui fait état en 2016 d'une hausse de 2,8% du nombre d'accidents impliquant au moins un poids lourd.

[28] Directive 2003/88/CE du 4 novembre 2003 concernant certains aspects de l'aménagement du temps de travail, L299/9, 18.11.2003.

spécifiques prévues par d'autres instruments communautaires en ce qui concerne, par exemple, (...) le temps de travail, (...) de certaines catégories de travailleurs doivent prévaloir sur les dispositions de la présente directive ».

Ces normes spécifiques, dont il est question dans la directive n°2003/88/CE, incluent aussi bien le Règlement n°561/2006/CE du 15 mars 2006[29], relatif à l'harmonisation de certaines dispositions de la législation sociale dans le domaine du transport par route que la directive n°2002/15/CE du 11 mars 2002[30] relative à l'aménagement du temps de travail des personnes exécutant des activités mobiles de transport routier, donc applicable au chauffeur routier des marchandises. En effet, le chauffeur routier est un travailleur mobile[31] au sens de l'article 3d) de la directive n°2002/15/CE du 11 mars 2002, en ce sens qu'il *« se déplace, (...) et qu'il est au service d'une entreprise qui effectue pour le compte d'autrui ou pour son propre compte, des transports de voyageurs ou de marchandises par route ».* Il revient alors à ces instruments juridiques de définir précisément la notion du « temps de travail » des travailleurs mobiles, dont les chauffeurs routiers des marchandises (1) et de fixer les durées maximales journalière, hebdomadaire et moyenne de ces mêmes travailleurs (2).

---

[29] Selon l'article 2§1 a) dudit règlement son champ d'application se limite aux transports de marchandises par route au moyen des véhicules dont la masse maximale autorisée dépasse les 3,5 tonnes. En d'autres termes les transports effectués au moyen des véhicules de taille moindre ne sont pas soumis au respect de la réglementation harmonisée des temps de conduite et de travail, ce qui conduit déjà selon divers témoignages à une distorsion du marché commun des transports de marchandises.

[30] L80/35, 23.03.2002.

[31] Voir également, Directive 2003/88/CEE article 2§7 *« Tout travailleur faisant partie du personnel roulant ou navigant qui est au service d'une entreprise effectuant des services de transport de passagers ou de marchandises par route, air ou voie navigable ».*

1- La définition du « temps de travail » des chauffeurs routiers

La directive n°2002/15/CEE ne se proclame pas comme étant une directive d'harmonisation. Pourtant, elle a pour objectif (cons. 10) d'établir des règles communes afin *« d'améliorer la sécurité routière, d'éviter de fausser la concurrence et de garantir la sécurité et la santé des travailleurs mobiles »*. Pour ce faire elle se propose de définir *« avec précision, d'une part, les temps consacrés à des activités de transport routier qui sont considérés comme temps de travail et, d'autre part, les temps qui en sont exclus et sont considérés comme temps de pause, de repos ou de disponibilité »*. Aussi, le temps de travail des chauffeurs routiers de marchandises est défini à l'article 3a) de la directive n°2002/15/CE du 11 mars 2002 *« comme toute période comprise entre le début et la fin du travail, durant laquelle le travailleur mobile est à son poste de travail, à la disposition de l'employeur et dans l'exercice de ses fonctions ou de ses activités »*.

La notion de « poste de travail » (article 3c)) est définie par ladite directive de manière large. Elle inclut non seulement *« le véhicule utilisé par la personne exécutant des activités mobiles »* mais aussi tout autre endroit où sont effectuées les activités liées à l'exécution du transport ainsi que le lieu où se situe l'établissement principal de l'entreprise et ses divers établissements secondaires. Par conséquent, le chauffeur routier est considéré présent à son poste de travail non seulement quand il est dans son camion en train de conduire mais aussi lorsqu'il accomplit tous les actes préparatoires à la conduite (chargement, contrôle technique) ou rattachés à la livraison (déchargement) en tout lieu (entrepôt ou siège de l'entreprise cliente) tel que désigné par son employeur.

Dans ces conditions, le temps du travail des routiers est donc conçu largement. Il inclut les *« périodes durant lesquelles le travailleur mobile ne peut disposer librement de son temps et est tenu de se trouver à son poste de travail, prêt à entreprendre son travail normal, assurant certaines tâches associées, notamment les périodes d'attente de chargement ou de déchargement, lorsque leur durée prévisible n'est pas connue d'avance, c'est-à-dire soit avant le départ ou juste avant le début effectif de la période considérée, soit selon les conditions générales négociées entre les partenaires sociaux et/ou définies par la législation des Etats membres ».*

Est en revanche, exclu du temps de travail (on aurait tendance à dire « effectif »), le *« temps de disponibilité »* (article 3 b) à savoir, *« les périodes autres que celles relatives aux temps de pause et au temps de repos durant lesquelles le travailleur mobile n'est pas tenu de rester à son poste de travail, mais doit être disponible pour répondre à des appels éventuels lui demandant d'entreprendre ou de reprendre la conduite ou de faire d'autres travaux ».* Il s'agit notamment des périodes durant lesquelles le chauffeur accompagne le camion transporté par ferry ou par train ainsi que les périodes d'attente aux frontières et celles dues à des interdictions de circulation ou, pour les travailleurs mobiles conduisant en équipe, le temps passé pendant la marche du véhicule à côté du conducteur ou sur une couchette.

Il en résulte que le temps de disponibilité s'ajoute à la durée du travail et élargit l'amplitude de la journée du travail des chauffeurs routiers sans qu'il y ait par ailleurs nécessairement de contreparties[32]. Le temps de disponibilité du routier se rapprocherait au temps d'astreinte. Toutefois, il n'est pas soumis au même régime. Le temps d'astreinte est considéré soit comme un temps de travail soit en temps de repos. Selon la CJUE[33] le facteur déterminant pour qualifier un temps d'astreinte comme du «temps de travail», *«est le fait que le travailleur est contraint d'être physiquement présent au lieu déterminé par l'employeur et de s'y tenir à la disposition de ce dernier pour pouvoir immédiatement fournir les prestations appropriées en cas de*

[32] Concernant la durée maximale du temps de disponibilité et sa compensation financière, la directive n°2002/15/CE (article 3 a) al. dernier) renvoie à la législation nationale ou aux accords sectoriels.

[33] *CJUE*, 21 février 2018, Aff. C-518/15, Ville de Nivelle c/ Rudy Matzak.

besoin». Or, justement, le règlement n°561/2006/CE (article 9) dispose que le repos journalier (normal) du routier peut être pris à bord du navire transbordeur ou du train par lequel est transporté le camion, c'est-à-dire pendant un temps de disponibilité. Ainsi, bien que durant ce temps de disponibilité le chauffeur routier est contraint d'être physiquement présent au lieu déterminé par l'employeur, et qu'il puisse même être appelé à intervenir jusqu'à deux reprises, ce temps peut quand même être comptabilisé comme du temps de repos. Cette solution est également dérogatoire par rapport au droit commun et la jurisprudence récente de la CJUE.

2- Les durées maximales de travail du chauffeur routier

La fixation d'une durée maximale journalière (a) et hebdomadaire (b) pour les chauffeurs routiers TRM, bien qu'elle soit également dérogatoire du droit commun, constitue sans aucun doute le meilleur gage de sécurité et devrait pouvoir assoir une concurrence saine.

a- La durée maximale journalière

Tant la directive n°2002/15/CE que le règlement n°561/2006/CE du 15 mars 2006 ne définissent pas « expressément » la durée maximale journalière des travailleurs mobiles. Pourtant on peut la déduire. En effet, le règlement n°561/2006/CE (article 6§1) prévoit uniquement la durée maximale quotidienne « de conduite », fixée à neuf heures par jour, mais pas la durée maximale du travail. Or, comme cela a été vu précédemment, la durée de conduite ne représente qu'une fraction du temps de travail du chauffeur routier chargé d'assurer par ailleurs la réalisation d'autres tâches que la conduite. Cette durée maximale de conduite quotidienne paraît déjà longue au regard du droit commun français, surtout si on tient compte, d'une part, qu'il s'agit d'une activité qui requière un niveau élevé de concentration, d'autre part, qu'elle peut être augmentée substantiellement par les « autres tâches » et éventuellement par le « temps de disponibilité ». De surcroît, selon le §2 de l'article

6 du même règlement, la durée de conduite journalière peut atteindre les dix heures par jour- sans qu'une justification particulière ne soit nécessaire- à condition que ce maximum ne soit atteint plus de deux fois au cours d'une même semaine.

Au regard de ces deux règles spécifiques au TRM la durée de travail maximale journalière du chauffeur routier (autres tâche et temps de disponibilité compris) peut être déduite par soustraction de la durée du temps de repos journalier normal (11 heures selon l'article 3 de la directive n°2003/88/CE) ou réduit (9 heures, selon l'article 8§2 al. 2 du règlement n°561/2006/CE). La durée maximale journalière du routier TRM devrait alors se situer entre 13 et 15 heures par jour....sous réserve bien évidemment de respecter par ailleurs la durée maximale hebdomadaire absolue et moyenne (*supra ;*).

b. La durée maximale hebdomadaire

La directive n°2002/15/CE définit en revanche expressément *« la durée maximale hebdomadaire du travail »* aussi bien absolue que moyenne. Selon l'article 4 de ladite directive, la durée maximale hebdomadaire applicable à tout travailleur mobile peut être portée jusqu'à 60 heures par semaine, pour autant qu'une moyenne de 48 heures par semaine ne soit pas dépassée au cours d'une période de référence de quatre mois. En comparant ces règles au droit commun, on constate que la durée hebdomadaire maximale moyenne des chauffeurs routiers est identique à celle prévue aux articles 6b) et 16b) de la directive n°2003/88/CE, à savoir 48 heures par semaine sur une période de 16 semaines. En revanche, alors que la directive n°2003/88/CE renvoie la fixation de la durée maximale hebdomadaire absolue aux dispositions législatives, réglementaires ou administratives ou aux conventions et accords collectifs conclus entre partenaires sociaux (article 6a)), la directive n°2002/15/CE applicable aux travailleurs mobiles, limite cette durée maximale absolue à 60 heures par semaine.

La durée maximale hebdomadaire moyenne et absolue doit par ailleurs être combinée avec les paragraphes 2 et 3 de l'article 6 du règlement n°561/2006. Selon le paragraphe 2 *« la durée de conduite hebdomadaire ne dépasse pas les 56 heures ni n'entraîne un dépassement de la durée maximale hebdomadaire définie dans la directive n°2002/15/CE ».* Après déduction de la durée maximale de conduite hebdomadaire de la durée maximale absolue, le temps de travail dédié aux autres tâches ne devrait pas dépasser les quatre heures par semaine. Selon paragraphe 3, *« au cours de deux semaines consécutives, la durée de conduite totale, ne doit pas dépasser les 90 heures »,* c'est-à-dire que dans l'hypothèse où le routier aurait conduit 56 heures durant une semaine, il ne pourrait conduire la semaine suivante que 34 heures maximum ce qui ne l'empêche pas de dédier durant cette même semaine jusqu'à 26 heures supplémentaires à d'autres tâches…

L'article 8 de la directive n°2002/15/CE, prévoit par ailleurs une dérogation. Aussi, la période de référence pour le calcul de la durée moyenne peut être augmentée pour des motifs objectifs ou techniques ou pour des raisons relatives à l'organisation du travail par voie de convention ou d'accord collectif et en cas d'impossibilité par voie législative, règlementaire ou administrative, sans toutefois pouvoir dépasser les six mois[34].

[34] Cette règle est prévue également par l'article 19 de la Directive 2003/88/CE du 4 novembre 2003 concernant certains aspects de l'aménagement du temps de travail, L299/9, 18.11.2003. L'article 17 al. dernier de cette même directive prévoit par ailleurs de nombreuses possibilités de dérogation et autorise les Etats membres (article 19) d'introduire mais uniquement par voie de convention ou accord collectif de périodes de référence (pour l'appréciation de la moyenne de 48 heures par semaine) qui ne sauraient dépasser les 12 mois.

B- Le temps de travail des chauffeurs routiers en droit français

Le règlement n°561/2006/CE s'applique directement en droit interne[35]. En revanche, la directive n°2002/15/CE avait besoin d'être transposée, ce qui fut le cas au moyen du décret n°2016/1550 du 17 novembre 2016. L'article D.3312-36 C. trans. définit les "grands routiers" comme *« les personnels roulants affectés, dans les transports routiers de marchandises, à des services comportant au moins six repos quotidiens par mois hors du domicile »*.

Concernant la durée de travail des grands routiers, l'article D. 3312-45 C.trans. dispose que *« la durée de travail* [hebdomadaire], *dénommée temps de service, correspondant à la durée légale du travail* [à savoir les 35 heures,] *ou réputée équivalente à celle-ci*[36], *est fixée à :°Quarante-trois heures par semaine*[37], *(...) pour les personnels roulants " grands routiers " ou " longue distance "*. En d'autres termes, le législateur français a institué pour les chauffeurs routiers de marchandises longue distance un régime d'équivalence c'est-à-dire, *« un mode spécifique de détermination du temps de travail effectif et de sa rémunération*[38] *»* incluant 8 heures d'équivalence au-delà de la durée légale du travail.

La durée équivalente de travail ne doit pas être confondue avec la durée maximale hebdomadaire. Il s'agit seulement d'un seuil de déclenchement des heures supplémentaires[39]. Rien n'empêche effectivement de faire

---

[35] Article L.3313-1 du Code de transports (C. transp.), *« Le temps de conduite et de repos des conducteurs est régi par les dispositions du règlement (CE) n° 561/2006 du Parlement européen et du Conseil du 15 mars 2006 relatif à l'harmonisation de certaines dispositions de la législation sociale dans le domaine des transports par route (...) »*.

[36] En application de l'article L. 3121-13 C. trav.

[37] Soit cinq cent cinquante-neuf heures (549h) par trimestre dans les conditions prévues par le deuxième alinéa de l'article D. 3312-41 C. transp.

[38] Article L.3121-13 C. trav.

[39] Voir en ce sens, article R.3312-47 C. transp.

exécuter aux chauffeurs routiers des heures supplémentaires jusqu'à la limite de la durée maximale hebdomadaire absolue et moyenne. Celle-ci est fixée à l'article R.3312-50 C. trans. selon lequel, la durée de « temps de service » pour les personnels roulants ne peut excéder les 56 heures par semaine isolée (48 heures de travail effectif plus 8 heures d'équivalence) ou les 53 heures (45 heures de travail effectif plus 8 d'équivalence) - toujours par semaine isolée- lorsque le temps de travail ou de services est calculé sur trois mois ou sur quatre mois après accord collectif en ce sens.[40].

Cette durée maximale incluant 8 heures d'équivalence par jour, n'est cependant pas une durée maximale « de conduite » comme celle de l'article 6 du règlement n°561/2006/CE mais « de service » ce qui est totalement différent. En effet, selon l'accord collectif national du 23 novembre1994 *sur le temps de service, les repos récupérateurs et la rémunération des personnels de conduite marchandise « grands routiers » ou « longue distance »* (article 3.1) « *« le temps de service » des personnels roulants comprend par nature, des périodes d'intensité variable. A ce titre sont pris en compte pour 100% de leur durée : les temps de conduite ; les temps d'autres travaux, tels que le chargement ou le déchargement, l'entretien du véhicule ou les formalités administratives ; les temps à disposition tels que la surveillance des opérations de chargement et de déchargement sans y participer, et/ou d'attente, durant lesquels, bien que n'étant pas tenu de rester à son poste, le conducteur ne peut disposer librement de son temps »*.

---

[40] Article R.3312-50 C. transp. En effet, selon l'article D.3312-41 C. transp. « La durée hebdomadaire du travail des personnels roulants peut être calculée sur une durée supérieure à la semaine, sans pouvoir dépasser trois mois, après avis du comité d'entreprise ou, à défaut, des délégués du personnel s'ils existent ». Dans ce cas là la durée de service ne saurait dépasser les 689 heures par trimestre. Selon l'article R.3312-49 C. transp. « Lorsque le temps de service est, après accord, décompté sur quatre mois », ce qui est autorisé par la directive n°2002/15/CE (article 8), il ne peut dépasser les 918 heures

Il en résulte que le calcul du temps de travail des grands routiers selon le droit français est comparativement plus favorable[41] que celui du droit de l'Union puisque les 56 heures maximales hebdomadaires du droit français ne correspondent pas au temps de conduite mais incluent également non seulement les « autres tâches », telles qu'elles sont définies par le droit de l'Union, mais aussi le « temps de disponibilité ».

Par ailleurs, à la différence du droit de l'Union, qui évite de fixer la durée maximale quotidienne et ne prévoit explicitement que la durée maximale de conduite (9 heures en principe et exceptionnellement 10 heures mais pas plus de deux fois par semaine), en droit français, l'article R.3312-51 C. trans. prévoit explicitement que la durée quotidienne « du temps de service » (autres tâches et disponibilité inclus) ne peut excéder 12 heures, ce qui est évidemment dérogatoire au droit commun[42] mais qui peut s'expliquer aisément par le régime d'équivalence justifié par le temps d'inaction dans la branche du transport de marchandises.

II- L'harmonisation du temps de repos des chauffeurs routiers

Le droit au repos est une conquête sociale de première importance. En effet, le repos permet au salarié de régénérer sa force de travail et par conséquent de mieux affronter ses contraintes professionnelles tout en profitant d'une vie personnelle. Le repos doit être non seulement suffisant mais aussi pris dans de bonnes conditions. Or, à la différence des salariés

---

[41] La directive 2002/15/CE prévoit en ce sens dans son article 10 que *« la présente directive ne porte pas atteinte à la faculté des Etats membres d'appliquer ou d'introduire des dispositions législatives, règlementaires ou administratives plus favorables à la protection de la sécurité et de la santé des personnes exécutant des activités mobiles de transport routier ou à leur faculté de favoriser ou de permettre l'application de conventions collectives ou d'autres accords conclus entre partenaires sociaux plus favorables à la protection de la sécurité et de la santé des travailleurs mobiles »*.

[42] Art. L.3121-18 al. 1er C. trav. *« la durée quotidienne de travail effectif par salarié ne peut excéder dix heures (...) »*.

ordinaires, les chauffeurs routiers notamment à l'international sont soumis à des contraintes supplémentaires au regard de leurs repos journalier et hebdomadaire. En effet, ils sont amenés à prendre leur repos quotidien et parfois même hebdomadaire à bord du camion alors même que, plus que d'autres salariés, ils ont besoin de repos pour pouvoir faire face aux risques indissociables à leur activité professionnelle en l'occurrence routiers.

Aussi, en leur assurant un repos minimal quotidien et hebdomadaire compatible avec les contraintes de leur métier, l'Union ne fait que remplir ses objectifs sociaux, à savoir l'amélioration des conditions de vie et de travail des routiers permettant leur égalisation dans le progrès[43]. A défaut d'une telle harmonisation, la concurrence par le bas aurait pu compromettre aussi bien la sécurité routière que le bien-être physique et mental des chauffeurs routiers. Cependant, le repos journalier et hebdomadaire des chauffeurs routiers, tel qu'il résulte du règlement n°561/2006/CE, est non seulement dérogatoire au droit commun (A) mais en plus globalement moins favorable que celui garanti aux salariés ordinaires (B).

A- Le repos journalier du routier : un régime largement dérogatoire

L'article 4(g) du règlement d'harmonisation n°561/2006/CE, définit le temps de repos journalier comme *« la partie d'une journée pendant laquelle un conducteur peut disposer librement de son temps »*. En pratique néanmoins, les chauffeurs routiers longue distance déployant leur activité à l'international, ne peuvent pas disposer librement de leur temps de repos journalier dans la mesure où dans l'immense majorité des cas ce temps est pris sur une aire d'autoroute à l'intérieur ou à proximité du camion. Le chauffeur routier se trouve dans une situation singulière par rapport à tout autre salarié puisque, pendant son temps de repos journalier, il reste à proximité de son

[43] Article 151 du TFUE.

poste de travail de sorte qu'il n'y a pas de séparation entre son temps et espace de travail et son temps et espace de repos et de vie privée. Evidemment, les camions dernière génération offrent de conditions de couchage améliorées. Il n'empêche que, globalement, le camion n'offre qu'un confort tout relatif sans comparaison possible avec la situation d'un salarié ordinaire qui retourne à son domicile après sa journée de travail.

Au regard de ce qui précède, il paraît de prime abord étonnant que la durée du repos journalier du chauffeur routier puisse, en plus de sa spécificité spatio-temporelle, être dérogatoire au droit commun. Et pourtant, selon l'article 4(g) du règlement n° 561/2006/CE, le temps de repos journalier normal de onze heures, conformément au droit commun [44], se distingue du temps de repos journalier réduit qui est inférieur à onze heures mais ne saurait être inférieur à neuf heures. Pour éviter les excès, l'article 8§4 du règlement prévoit cependant qu'un conducteur ne peut être soumis à plus de trois repos réduits entre deux repos hebdomadaires.

Cependant, même dans l'hypothèse où le conducteur prendrait un repos journalier normal, d'une durée minimale de onze heures, celui-ci n'est pas sûr que son repos sera ininterrompu. En effet, selon le même règlement (article 4(g)), le temps de repos journalier normal peut être scindé en deux parties : la première tranche doit être au minimum égale à une période ininterrompue de trois heures et la deuxième à une période ininterrompue d'au moins neuf heures. Le règlement ne précise pas cependant la durée (maximale) d'interruption entre la première et la deuxième tranche de ce repos fragmenté quand bien même il aurait pu, éventuellement, intervenir après neuf heures de conduite et treize à quinze heures de travail. Dans la

---

[44] Article 3 Directive 2003/88/ CEE du 4 novembre 2003, concernant certains aspects de l'aménagement du temps de travail *« Les Etats membres prennent les mesures nécessaires pour que tout travailleur bénéficie, au cours de chaque période de vingt- quatre heures, d'une période minimale de repos de onze heures consécutives »*.

même veine, l'article 9§1 dispose que lorsque le conducteur accompagne le camion transporté par navire ou par train, et qu'il prend en même temps un repos journalier normal, son temps de repos peut être interrompu au maximum deux fois par d'autres activités dont la durée totale ne dépasse pas une heure. Autant d'interruptions qui perturbent nécessairement le repos du routier et accentuent son sentiment de fatigue.

Plus substantiellement, selon le très curieux article 8§8 *« si un conducteur en fait le choix les temps de repos journaliers (...) loin du point d'attache peuvent être pris à bord du véhicule, à condition que celui-ci soit équipé d'un matériel de couchage convenable pour chaque conducteur et qu'il soit à l'arrêt ».* Cette formule frappe par sa candeur et laisse incrédule celui qui connaît ne serait-ce qu'un peu la pratique du transport international. Il est évident que, dans les faits, le choix du lieu de repos journalier normal ou réduit ne revient pas au conducteur. Il est plus ou moins entendu que le conducteur d'un camion « longue distance » que l'on identifie en droit français précisément par le fait qu'il passe au moins six repos quotidiens par mois hors de son domicile[45], est tenu de prendre son repos journalier dans le camion (qu'il s'agisse d'un repos normal ou réduit) et ce, d'une part, pour réduire les coûts de son hébergement, d'autre part, pour qu'il puisse assurer par la même occasion un service de gardiennage aussi bien du camion lui-même que de son chargement.

Etant donné que les dispositions relatives au repos quotidien des routiers sont prévues par un règlement, l'article R.3312-53 C. trans. renvoie explicitement audit règlement pour ce qui est des possibilités de réduction du repos journalier, dont l'application directe en droit français ne fait guère de doute.

[45] Article D.3312-36 C. trans.

B- Le temps de repos hebdomadaire du routier : une garantie essentielle pour la sécurité routière et celle du routier

La durée du repos hebdomadaire des chauffeurs routiers est définie à l'article 4(h), du Règlement n°561/2006/CE comme *« une période hebdomadaire pendant laquelle un conducteur peut disposer librement de son temps »*. Le temps de repos hebdomadaire normal est fixé en principe à 45 heures minimum ce qui peut paraître *a priori* beaucoup plus favorable que le repos hebdomadaire du droit commun qui s'élève à 24 heures[46]. Aussi, cette mesure harmonisatrice semble tenir compte d'une exigence de concentration accrue de la part du conducteur et des risques liés à l'exercice de son métier.

Cependant, le même article prévoit aussitôt que ce repos hebdomadaire normal doit être distingué du repos hebdomadaire réduit défini comme *« toute période de repos de moins de quarante-cinq heures, pouvant être réduit à un minimum de vingt-quatre heures consécutives[47] »*. Or, à la différence du droit commun selon lequel le repos hebdomadaire suit nécessairement un repos journalier[48], ce qui fait que la durée globale du repos hebdomadaire est de 35 heures consécutives (repos journalier inclus), dans le cas particulier du routier son repos hebdomadaire réduit et son repos journalier ne sont pas nécessairement cumulés. Pire encore, un repos journalier peut être prolongé autant que nécessaire pour se transformer un repos hebdomadaire réduit. En d'autres termes, au lieu de se cumuler, le repos

---

[46] Article 5 de la Directive 2003/88/CE du 4 novembre 2003 concernant certains aspects de l'aménagement du temps de travail, L299/9, 18.11.2003.

[47] Voir en ce sens, l'article 5 al. 2 de la Directive 2003/88/CE *« Si des conditions objectives, techniques ou d'organisation du travail le justifient, une période minimale de repos de vingt- quatre heures pourra être retenue »*.

[48] Article 5 al. 1 de la Directive 2003/88/CE *« Les Etats membres prennent les mesures nécessaires pour que tout travailleur bénéficie, au cours de chaque période de sept jours, d'une période minimale de repos sans interruption de vingt-quatre heures auxquelles s'ajoutent les onze heures de repos journalier prévues à l'article 3 »*.

journalier du chauffeur routier n'est finalement qu'une fraction de son repos hebdomadaire.

De plus, selon l'article 8§8 précité, *« si le conducteur en fait le choix, les (...) temps de repos hebdomadaires réduits loin du point d'attache peuvent être pris à bord du véhicule (...) »*. Selon le règlement, le choix reviendrait encore une fois au conducteur. Cependant, en pratique et pour des raisons déjà exposées, ce choix revient le plus souvent à l'entreprise du transport (*infra ;*). Dans la même perspective, selon l'article 12 dudit règlement, le conducteur peut déroger au repos journalier et hebdomadaire dans la mesure nécessaire (donc sans limitation précise) pour atteindre un point d'arrêt approprié et assurer ainsi la sécurité des personnes, du véhicule ou de son chargement, pour autant que cela ne compromette pas la sécurité routière. Les limites du dépassement aux durées minimales de repos restent indéterminées. Cette disposition, à l'instar de la précédente, met à la charge du conducteur une responsabilité démesurée quand on connaît sa marge de manœuvre réelle. Parmi les propositions de la Commission[49] figurerait l'adjonction bienvenue d'un alinéa deux à l'article 12, pour préciser que la dérogation au repos journalier et hebdomadaire ne saurait conduire au dépassement des durées de conduite journalière ou hebdomadaire ou à réduire les temps de repos journalier et hebdomadaire.

Cette flexibilisation du repos hebdomadaire est toutefois accompagnée de deux garanties (article 8§6). Selon la première, au cours de deux semaines consécutives, un conducteur ne peut prendre qu'un seul temps de repos hebdomadaire réduit d'au moins 24 heures. Selon la deuxième, la réduction d'un repos hebdomadaire est nécessairement compensée par un repos d'une durée équivalente pris en bloc avant la fin de la troisième semaine suivant la semaine en question. Ces deux garanties auraient pu

[49] COM(2017)277final du 31.05.2017, Proposition de règlement modifiant le règlement n°561/2006 en ce qui concerne les exigences minimales relatives aux durées maximales de conduite journalières et hebdomadaire et à la durée minimale des pauses et des temps de repos journalier et hebdomadaire.

être suffisantes si la Commission n'avait pas proposé récemment[50], d'allonger la période de référence pour le calcul du repos hebdomadaire de deux à quatre semaines sous prétexte que cela devrait permettre aux conducteurs d'aménager leur temps de repos de manière plus souple. Or il s'avère que le rallongement de la période de référence n'est qu'une nouvelle source de flexibilisation du temps de repos des chauffeurs routiers qui pourraient du coup se voir imposer deux repos réduits consécutifs avant de pouvoir bénéficier au cours de la troisième semaine d'un repos compensateur d'une durée équivalente, avant ou immédiatement après un repos hebdomadaire normal.

Il en résulte que si les propositions de la Commission venaient à être adoptées en l'état, les chauffeurs routiers pourraient être amenés à passer deux repos hebdomadaires réduits à bord du véhicule avant de pouvoir retrouver leur lieu de résidence pour y passer un repos hebdomadaire normal ou augmenté du repos compensateur[51]. En d'autres termes cette proposition, loin d'améliorer leur situation, alourdirait considérablement la charge de travail, la fatigue cumulée et l'éloignement spatio-temporel du chauffeur routier de son lieu de résidence contrairement à l'objectif communautaire d'une égalisation des droits dans le progrès. A cet effet, l'unique avantage qu'on peut reconnaître à cette proposition de la Commission est qu'elle clarifie le statut du repos hebdomadaire normal en ce sens qu'elle dissipe les quelques doutes qui ont pu exister quant au lieu où il doit être pris. En effet, conformément à la jurisprudence récente de la Cour[52] la Commission précise désormais dans ses propositions que le repos hebdomadaire

---

[50] COM(2017)277final du 31.05.2017, *op.cit ;.*

[51] Article 8ter du règlement n°561/2006/CEE *« les entreprises de transport organisent le travail des conducteurs de telle sorte que ces derniers soient en mesure de passer à leur lieu de résidence au moins un temps de repos hebdomadaire normal ou un repos hebdomadaire de plus de quarante-cinq heures pris en compensation de la réduction d'un temps de repos hebdomadaire sur chaque période de trois semaines consécutives ».*

[52] Voir en ce sens, CJUE 20 décembre 2017, aff. 102/16, Vaditrans BVBA c/ Belgique et notre commentaire *RJS*, 5/2018, p.385.

normal ou supérieur à 45 heures ne peut pas être pris à bord du véhicule mais dans un lieu d'hébergement adapté (article 8 *bis* proposé), ce qui ne revient pas pour autant à dire qu'il faut qu'il soit pris au lieu de résidence du routier contrairement à ce qui est affirmé au point 8ter.

* *
*

Le bilan dressé jusqu'ici concernant l'harmonisation des conditions de travail des routiers, montre que le processus de rapprochement des législations nationales est lent et sinueux surtout depuis les élargissements successifs de l'Union. Quant aux conditions de travail elles-mêmes, elles sont globalement moins favorables que celles des salariés ordinaires alors que la concentration accrue qui est demandée aux routiers, pour des raisons de sécurité, aurait dû commander un seuil de protection plus élevé.

Il n'empêche que la méthode de rapprochement est globalement adaptée à leur situation sectorielle de sorte que le processus devrait pouvoir s'étendre à d'autres domaines dont notamment le salaire minimum des routiers.

III- Le salaire minimum dans le TRM : un leurre ou une extension possible du domaine d'harmonisation ?

Dans la mesure où la directive détachement se trouve être, pour les raisons précédemment expliquées, inadaptée à l'extrême mobilité du TRM, la meilleure solution pour enrayer les phénomènes de concurrence déloyale, d'insécurité routière et pour stopper la détérioration des conditions de travail des routiers[53] serait de poursuivre l'harmonisation de leurs conditions de travail dans le domaine des salaires. Le règlement

---

[53] Etude pour la Commission des transports et du tourisme, Les transporteurs routiers de marchandises dans l'Union européenne : conditions sociales et de travail, 2017, http://www.europarl.europa.eu/RegData/etudes/STUD/2017/602000/IPOL_STU(2017)602000_FR.pdf

n°3820/85 du 20 décembre 1985, prédécesseur du règlement n°561/2006, indiquait déjà à l'époque (cos. 1er) qu'il visait *« à harmoniser les conditions de concurrence entre les modes de transport terrestres, en particulier en ce qui concerne le secteur du transport routier, et à améliorer les conditions de travail et de sécurité routière »* et ajoutait que *« les progrès réalisés dans ces domaines devraient être préservés et étendus ».*

Cependant, dès lors qu'on souhaite étendre l'harmonisation des conditions de travail des routiers au salaire, un premier obstacle se dresse. En effet, dans le cadre de sa politique sociale, le Traité sur le fonctionnement de l'Union européenne (TFUE) tout en se fixant comme objectif *« l'amélioration des conditions de vie et de travail, permettant leur égalisation dans le progrès »* (art. 151), exclut expressément la rémunération de son champ de compétence (article 152§5), ce qui rend de prime abord difficile, mais pas impossible, un certain rapprochement des écarts des salaires dont bénéficient les chauffeurs routiers.

En regardant du côté du socle européen des droits sociaux, on constate que celui-ci proclame parmi les conditions de travail équitables (chapitre II) le droit des travailleurs à un salaire équitable (article 6) en vue de leur assurer un niveau de vie décent et un « salaire minimum » garanti. Toutefois, la valeur programmatique, donc limitée, de ce texte d'intention n'échappe à personne[54], d'autant plus que son considérant 18 ajoute une réserve d'interprétation qui devrait anéantir tout espoir : le socle européen des droits sociaux n'étend pas les compétences dévolues à l'Union par les traités. En d'autres termes, l'article 6 ne saurait justifier à lui seul des actions législatives en faveur

[54] E. Pataut, Tours et détours de l'Europe sociale, *RTD Eur.*, 2018, p.9. Est en revanche un peu plus nuancée et fait état d'un programme d'action, S. Robin-Olivier, Chronique politique sociale de l'UE, un nouveau départ pour la politique sociale de l'Union : premier bilan des effets du socle européen des droits sociaux, *RTD Eur.* 2018, 403 ; J-P Lhernould, Socle européen des droits sociaux : le discours et la méthode, *RDT*, p.458.

d'un salaire minimum pour les chauffeurs routiers à l'international.

Est-ce qu'il faudrait renoncer pour autant à l'élaboration d'un salaire minimum dans le TRM au motif qu'elle serait impossible au regard de la limitation des compétences communautaires ? Nous ne le pensons pas. Il convient de rappeler à cet égard que l'article 10 du règlement n°561/2006/CE prévoit déjà une mesure d'harmonisation relative aux salaires dans la mesure où elle interdit aux entreprises de transport de rémunérer les conducteurs qu'elles emploient ou qui sont mis à leur disposition en fonction de la distance parcourue et/ou du volume des marchandises transportées, même par l'octroi de primes ou de majorations de salaire si une telle rémunération est de nature à compromettre la sécurité routière et/ou à encourager les infractions au présent règlement. Le fondement juridique de cette disposition (comme du reste d'ailleurs) n'est pas l'harmonisation des conditions de travail en vue de leur amélioration (politique sociale) mais la sécurité des transports (donc la politique transports, articles 90-100 TFUE).

Or l'article 91 du TFUE, prévoit que l'Union dispose d'une compétence pour établir : a) des règles communes applicables aux transports internationaux exécutés au départ ou à destination du territoire d'un Etat membre, ou traversant le territoire d'un ou de plusieurs Etats membres ; (...) c) des mesures permettant d'améliorer la sécurité des transports ; d) ou toutes autres dispositions utiles ». De surcroit, selon l'article 94 TFUE *« Toute mesure dans le domaine des prix et conditions de transport, prise dans le cadre des traités, doit tenir compte de la situation économique des transporteurs ».* Or qu'est-ce qui ferait partie du prix et des conditions de transports si ce n'est le salaire des routiers ?

Il résulte que le Traité n'exclut pas, par principe, un acte législatif qui mettrait en place un salaire minimum dans le TRM, notamment lorsque cet acte serait justifié par la sécurité des transports ou le fonctionnement du marché intérieur (articles 26 et 114 TFUE). Seule réserve émise par le Traité : une telle initiative devait tenir compte de la situation économique des transporteurs, ce qui ne devrait pas poser problème en l'occurrence lorsqu'on sait que le climat de concurrence actuel favorise la création de petits opérateurs indépendants qui mériteraient eux aussi le bénéfice d'un revenu minimum tiré de leur activité, notamment lorsqu'ils se situent au bout de la chaîne de sous-traitance.

Ces suggestions ne prétendent résoudre globalement les problèmes du TRM, expressément évoqués par la proposition de règlement établissant une autorité européenne du travail comme particulièrement vulnérables[55]. Elles mettent à tout le moins en lumière, d'une part, l'inadéquation de la directive détachement dans les TRM, d'autre part, l'existence d'une autre voie, celle de l'harmonisation qui n'attend qu'à être poursuivie et approfondie.

---

[55] COM(2018)131 final

Cabotage et transports routiers de marchandises en Bulgarie

Antoniy GALABOV
Professeur en sociologie politique et de la culture, Directeur du Département des sciences politiques, Directeur du Laboratoire des Politiques publiques, Nouvelle Université bulgare (Bulgarie)

Barbara a fait un cadrage très professionnel de toutes ces problématiques compliquées. En ce temps de Brexit, la solution de l'Union Européenne sur les mobilités sera la preuve la plus importante. La force de l'Union Européenne réside dans le fait que, face à un conflit (car il s'agit, sans nul doute, d'un conflit), sa méthodologie est de négocier. Notre force, en tant que pays membres et citoyens européens, est notre capacité à négocier afin d'arriver à un compromis sur lequel nous puissions construire une norme.

La situation problématique concerne le transport routier de marchandises ; le marché est très concurrentiel et en plein développement depuis deux à trois ans. Le marché croît donc chaque année. L'activité internationale par pavillon progresse ; l'activité nationale du pavillon dans chaque pays augmente ; le cabotage est en augmentation de plus de 22%. Le cabotage, c'est une marchandise provenant d'un pays européen, présente sur un autre territoire, et, pendant son séjour sur ce second territoire, l'entreprise réalise un certain nombre d'activités et de bénéfices. Le cabotage est la partie la plus visible du problème.

En 2014, la Belgique, l'Autriche et la France sont les plus souvent utilisés comme lieux de cabotage. Aujourd'hui, ce sont l'Angleterre, la France et l'Allemagne.

Les recherches présentées ici ont été faites uniquement dans le cadre de ce colloque, en utilisant les méthodes de l'évaluation préliminaire d'impact. C'est la partie la plus sociologique du travail, d'identification des groupes d'intérêts, des parties prenantes, des groupes concernés par une initiative de législation européenne. Les entreprises exportatrices ne sont pas les seules en jeu. Les entreprises d'expédition jouent un rôle central dans cette activité, puisque ce sont elles qui cherchent un camion pour faire le transfert. Ensuite, les groupes de clients exercent leurs influences ; les chauffeurs, leurs syndicats et des organisations internationales ont aussi leur rôle à jouer, ainsi que les instances de contrôle, les groupes politiques au sein du parlement européen, les gouvernements des pays membres de l'Union Européenne, les groupes de transports d'expédition des pays tiers (la Turquie en particulier, qui tient absolument à continuer à transporter vers l'Union Européenne). Ne pas oublier, enfin, les compagnies d'assurances et les lobbystes de Bruxelles, qui sont accrédités et légaux.

Quelle est la position de la Bulgarie dans ce schéma ? Il s'agit de 200 000 entrepreneurs et de leurs familles. C'est un problème social et économique. Tous les chauffeurs, les syndicats et le gouvernement sont d'accord avec le fait qu'il ne faut pas laisser passer une telle transformation dans la règlementation européenne.

S'agissant de la position de la Bulgarie, de la Pologne et d'autres pays de l'est, la Pologne est le 2e pays en transport international. Nous sommes contre ces changements.

L'évaluation préliminaire de la commission Européenne n'est pas bien faite ; elle n'est pas exhaustive, elle n'est pas testée ni n'a identifié les scénarios susceptibles de se produire si une telle législation passe. Il faut élargir le champ des négociations pour sortir de cette situation. Ce qui manque, c'est la volonté politique, et il semble qu'il faudra attendre la prochaine commission pour sortir de ce blocage.

La stratégie nationale des transports en Hongrie

István TEMESI
Maître de conférences, Université nationale du service public (Hongrie)

Je souhaite aborder la stratégie nationale de développement des infrastructures en matière de transports pour la période 2014-2015.
Les objectifs sont le renforcement de l'économie, la compétitivité, la mobilité, la protection de la nature, des ressources naturelles et humaines ; la durabilité ; les relations entre la Hongrie et l'Union Européenne. Ces objectifs doivent être posés en face de certains droits sociaux : la santé, la sécurité des personnes et des biens, l'emploi (la question du chômage est primordiale), le bien-être, l'inégalité territoriale, le niveau du service.

Penchons-nous sur ce problème de la qualité du service dans le domaine du transport ferroviaire. Il y a ici des citoyens mécontents du service ferroviaire français. En Hongrie, aucune nouvelle voie ferrée n'a été construite au cours des quatre dernières décennies. On a renouvelé quelques lignes, mais on en a surtout fermé beaucoup de petites. Le service est un très bon exemple. Prenons l'exemple d'une ligne de 78km entre deux villes en Hongrie, la deuxième plus grande ville de la Hongrie, Debrecen, et une autre ville. 1h49 minutes sont officiellement nécessaires pour parcourir, en train, la distance entre ces deux villes. En réalité, c'est beaucoup plus. L'activiste d'une association locale trouve une manière particulière de le démontrer : il a couru la distance de 78km à côté du train et a couru dans un costume d'escargot et a été plus rapide que le train. Certains autres membres de la même association ont, dans le même temps, nettoyé le train, pour montrer à l'entreprise nationale que les wagons étaient sales. C'est la situation du train en Hongrie.

Le vélo est un exemple positif. 17% des voyages quotidiens locaux (entre domicile et travail, entre domicile et école, au sein d'une ville) s'effectuent à vélo. L'utilisation du vélo découle, en Hongrie, de deux sources. Il s'agit avant tout d'une tradition de la part de la population ; en effet, 40% de la surface du pays étant occupée par la grande plaine hongroise, l'absence de relief est favorable au développement de cette activité. L'autre grand foyer de l'utilisation du vélo se trouve dans les métropoles. Les conditions de développement du vélo en ville étaient très défavorables. Mais en 2004, s'inspirant du mouvement américain *critical mass*, 4 000 cyclistes défilent dans les rues de Budapest pour demander de meilleures conditions favorables au cyclisme. Chaque année, la même manifestation se tient pendant un dimanche de septembre. En 2009, 4 000 cyclistes manifestent. En 2012, le mouvement déclare sa clôture, puisque la ville de Budapest a développé le réseau des routes cyclistes et a changé les conditions de l'exercice du sport. Les manifestations n'ont donc plus de but.

Le domaine de la motorisation est, quant à lui, marqué par le développement des autoroutes. Plusieurs priorités se font jour dans ce domaine : la première est de les construire jusqu'aux frontières ; la deuxième est la connexion des chefs-lieux des départements. Il faut alors développer la motorisation. En Hongrie, le nombre de voitures individuelles est très limité : 3,5 millions. L'âge moyen des voitures est de 14 ans.

Il faudrait donc utiliser les transports publics. A Budapest, le transport géré par la municipalité compte 1 500 autobus, dont le tiers a entre 10 et 20 ans. 200 autobus à Budapest ont entre 20 et 30 ans. L'un des objectifs de la stratégie de transports en Hongrie est donc évidemment le renouvellement de ce parc de véhicules.

Le vieillissement concerne aussi le domaine ferroviaire : l'âge moyen des locomotives est de trente ans.

Quant au transport aérien, en 2013, la compagnie aérienne hongroise s'est effondrée subitement ; l'aéroport de Budapest connaît une chute de 50% de sa fréquentation. En 2015 : 10M de passagers ; 2018 : 15M. 2018 : juillet 1.5M de passagers. Le gouvernement rectifie sa stratégie, en particulier avec l'aide du low-cost. La fréquentation est évidemment liée au tourisme de masse. Pour la plupart, les touristes sont jeunes, viennent pour les possibilités économiques. La population dans les quartiers du centre de Budapest est insatisfaite de cette fréquentation.

La Hongrie peut également profiter du Danube, qui est navigable toute l'année à l'exception de quelques jours ou quelques semaines en hiver. Le transport des marchandises s'appuie donc amplement sur le fleuve. Mais le problème est le même que dans le secteur automobile ou ferroviaire : l'état des bateaux hongrois est mauvais en raison de leur vieillissement.

Aspects positifs et négatifs de la libéralisation du transport ferroviaire en Slovaquie

Jana MARASOVA et Mária HOREHAJOVA
Faculté d'économie,
Université Matej Bel de Banska Bystrica (Slovaquie)

Introduction

Les tendances à la libéralisation du secteur des services publics d'intérêt général ont commencé à se manifester en Europe à partir des années 1980, ce qui était lié à un renforcement du mouvement libéral à cette période. La République slovaque, en tant que l'une des anciennes économies planifiées, n'a adhéré à ces tendances qu'au début du nouveau millénaire, à l'approche de son adhésion à l'UE. La libéralisation dans le secteur du transport ferroviaire s'est effectuée conformément aux « paquets européens » qui ont initié et fait ensuite progressivement avancer ce processus. Cependant, plusieurs facteurs liés aux raisonnements marqués par le passé continuent à y poser des obstacles. Après un court parcours historique du secteur, nous présenterons son organisation actuelle, le déroulement de la libéralisation en mettant l'accent sur les difficultés qui l'ont accompagné et dont certaines continuent à persister, et nous terminerons avec un exposé des effets positifs et négatifs qui en résultent.

Histoire du transport ferroviaire et son organisation actuelle

L'histoire des chemins de fer en Slovaquie remonte à l'époque où le pays a fait partie de l'Empire austro-hongrois. En 1846, le premier chemin de fer à wagons tirés par les chevaux entre Bratislava et Trnava (Figure 1) a été mis en route, d'une longueur d'à peu près 60 km. Deux ans plus tard, en 1848, le premier train à vapeur a démarré sur le trajet de Bratislava – Marchegg en Autriche.

Figure 1 Réseau ferroviaire slovaque (Compagnies ferroviaires des pays voisins : SŽDC – République tchèque, PKP – Pologne, UZ – Ukraine, MÁV – Hongrie, ÖBB – Autriche)

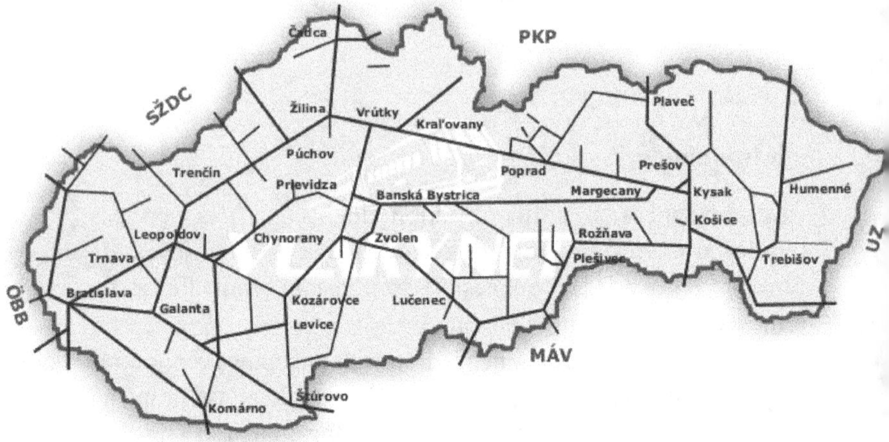

Source : https://www.google.com

Après l'éclatement de l'Empire et la naissance de la République tchécoslovaque en 1918, un besoin fort s'est fait sentir de développer le réseau ferroviaire existant par des trajets d'Est en Ouest, c'est-à-dire entre les territoires tchèque et slovaque. Vu les événements qui ont conduit à la 2e guerre mondiale ainsi que ceux d'après la guerre, la Tchécoslovaquie est devenue l'un des pays satellites de l'Union soviétique et son transport ferroviaire a été nationalisé en 1948. Depuis, jusqu'en 1989, il a été géré par *Československé dráhy – ČSD (Chemins de fer tchécoslovaques)* dont la filiale *Východná dráha (Chemin de fer de l'Est)* était chargée du territoire slovaque.

Après la chute du régime totalitaire en 1989 et la division de la République tchécoslovaque qui a suivi (1993), la société publique *Železnice Slovenskej republiky – ŽSR (Chemins de fer de la République slovaque)* a été créée. En 1994, la Slovaquie a adhéré au projet de Réseau Transeuropéen de Transport (RTE-T) - les corridors multimodaux, ainsi qu'à l'Accord européen sur les grandes lignes internationales de chemin de fer (AGC).

De nos jours, la *ŽSR* gère toute l'infrastructure ferroviaire : les lignes ferroviaires (à voie ordinaire, large et étroite), les lignes de traction, les tunnels et ponts ferroviaires, les passages à niveau, les gares. Deux autres compagnies, nées en 2005 comme sociétés anonymes dont le seul actionnaire est l'État, assument le transport sur les rails : *Železničná Spoločnosť Slovensko – ŽSSK* (*Compagnie ferroviaire slovaque)* est chargée du transport de voyageurs, et *Cargo Slovakia* du transport de marchandises. Les droits de l'Etat sont exercés par l'intermédiaire du *Ministère du Transport et de la Construction.* Sur ce marché, il existe également une trentaine d'entreprises privées qui possèdent des licences valides de transport, dont 9 uniquement pour le transport de voyageurs, 1 pour le transport de voyageurs et de marchandises, et 26 uniquement pour le transport de marchandises.

Dopravný úrad DÚ (Office de transport) complète les structures opérant sur le marché ferroviaire. Il accomplit la fonction de régulateur national sur les voies ferroviaires nationales et régionales, ainsi que d'autorité d'enquête et de sécurité des chemins de fer. Ses activités principales consistent en :

- la régulation des prix d'utilisation des voies ferroviaires, ainsi que de ceux du transport de voyageurs sur l'ensemble du réseau national ;
- la sécurité – le *DÚ* délivre et révoque les licences et certificats de sécurité aux transporteurs privés ;
- l'interopérabilité – il enregistre et autorise différents types de véhicules ferroviaires, accorde des licences pour l'exploitation de sous-systèmes d'interopérabilité fixe et mobile ;
- la supervision professionnelle et technique – il effectue des tests d'aptitude et délivre des certificats de sécurité pour le transport de marchandises dangereuses,

conformément à la COTIF (Convention Internationale concernant le Transport par Chemins de Fer)[56].

L'accessibilité du transport ferroviaire est étroitement liée aux équipements technologiques et à la densité du réseau ferroviaire. Le réseau slovaque n'est pas étendu, mais grâce à la position géographique du pays, il peut être considéré comme attractif, car les corridors ferroviaires européens le traversent dans les deux directions Est-Ouest et Nord-Sud. En 2009, la densité du réseau était de 69 km par 100 000 habitants (74 km/1 000 km^2). La densité de lignes est la plus importante dans la région de Bratislava (112,284 km/1 000 km^2) et la plus faible dans la région de Prešov (seulement 46,799 km/1 000 km^2).

L'ouverture du marché et les obstacles dans le processus de libéralisation

L'ouverture du marché ferroviaire en Slovaquie s'est manifestée d'abord dans le transport de marchandises, par l'entrée en vigueur de la directive européenne 2004/51/CE, du 2e paquet ferroviaire qui a rendu ce transport dans l'UE entièrement libre à partir du 1er janvier 2007. Au cours de la même année, le 3e paquet a été adopté et incorporé dans la législation slovaque deux années plus tard par les lois 513/2009 et 514/2009. L'objectif de ce 3e paquet consistait à libéraliser le transport international de voyageurs, à renforcer les droits de ces derniers et à mettre en place un système unique de licences et de certificats d'aptitude des conducteurs.

Le transport ferroviaire de marchandises est entièrement libéralisé en Slovaquie depuis 2007, et celui des voyageurs depuis 2010. En 2010, 29 sociétés possédaient la licence pour opérer sur les voies ferroviaires de *ŽSR*, dont 25 prestataires

---

[56] BAUBY, P. 2019. *Les effets de la libéralisation des services publics – services d'intérêt général.* http://www.actionpublique.eu/index.php/des-idees/140-les-effets-de-la-liberalisation-des-services-publics- services-d-interet-general

effectifs. Depuis, la société *ŽSR*, selon les lois mentionnées, aurait dû rendre l'infrastructure ferroviaire accessible à chaque entreprise qui a une licence de prestation des services et un certificat de sécurité en vigueur. Cependant, ce fait n'a pas encore été accompli et au regard d'autres difficultés persistant jusqu'à nos jours, la libéralisation n'a toujours pas apporté dans ce secteur la situation concurrentielle attendue. En nous appuyant sur le Rapport de 2011 d'*Antimonopolný úrad* (*Office anti-monopole)*[57], on peut expliquer ces difficultés comme suit:

- ***des entraves inadéquates à l'entrée sur le marché***

L'accès des transporteurs privés au matériel roulant est très compliqué, car les infrastructures ferroviaires provenant des années 1970 ne sont pas compatibles avec les locomotives électriques contemporaines. Par conséquent, les nouveaux transporteurs entrant sur le marché et souhaitant utiliser des locomotives électriques modernes, ne peuvent pas en obtenir l'autorisation. Ils sont limités à utiliser des locomotives électriques anciennes qui constituent la propriété exclusive des sociétés étatiques *ŽSSK* et *Cargo Slovakia*. Comme le marché de location des locomotives électriques n'existe pratiquement pas, ces transporteurs sont obligés d'utiliser uniquement des machines à moteur dont d'une part, le coût est élevé, et d'autres part, ces opérateurs ont paradoxalement une taxe supplémentaire à payer pour faire rouler les locomotives à moteur sur les tronçons électrifiés. Une autre difficulté liée à celles-ci concerne leur ravitaillement en carburant car *Cargo Slovakia* en tant que propriétaire unique de l'équipement de ravitaillement y refuse l'accès aux transporteurs privés. Ceux-ci doivent par conséquent se ravitailler par l'intermédiaire de citernes mobiles. Pour pouvoir le faire, ils ont des procédures administratives et organisationnelles lourdes ainsi que des coûts de transaction élevés à subir.

---

[57] *Problémy v sektore železničnej dopravy z hľadiska súťaže.* https://www.antimon.gov.sk/data/att/367.pdf

- ***des taxes d'accès aux voies de transport ferroviaire***

Dans le transport national, ces taxes représentent un pourcentage élevé du coût des transporteurs, ce qui provoque un déséquilibre entre les transports ferroviaire et routier. Même si la Directive 2001/14/EC a recommandé de calculer les frais d'utilisation d'une voie ferroviaire sur la base du coût marginal, cette recommandation n'a pendant longtemps pas été appliquée en Slovaquie. Les frais en question comprenaient également les coûts fixes et variables où notamment le coût fixe est très élevé en raison du réseau ferroviaire dense (le 7e réseau ferroviaire le plus dense de l'UE selon l'UNECE de 2016). Ce n'est qu'à partir de janvier 2011, avec l'entrée en vigueur d'un nouveau Règlement du *DÚ,* que le calcul de ces frais a été modifié, avec un prix plafond d'accès à l'infrastructure ferroviaire fixé par ce Règlement. L'objectif de ces modifications était justement de diminuer ces frais dans les prix du transport.

- ***Une influence politique forte*** se manifestant par l'intermédiaire des subventions accordées à certains transporteurs, ce qui conduit en général à une augmentation des taxes pour d'autres. L'aspect politique joue fort dans ce secteur. En 2014, il a abouti, par le biais d'une mesure anti-concurrentielle prise par l'Etat, à rendre le transport de voyageurs gratuit dans les trains de la *ŽSSK* pour trois catégories de la population (enfants, étudiants et retraités). Cela a immédiatement provoqué de grosses difficultés pour les transporteurs privés, ferroviaires et routiers, et progressivement même pour cette compagnie étatique, parce que le niveau de subventions ne suffisait plus à compenser ses pertes en recettes. Les performances de la *ŽSSK* ont augmenté, mais la qualité de ses services a baissé. Le déficit de moyens financiers ne permet pas la modernisation des trains et de leur équipement à un rythme adapté. La Figure 2 illustre la part très faible du réseau ferroviaire nationale qui est à nos jours modernisée.

Figure 2 Part modernisée des chemins de fer slovaques

Source : http://www.reming.sk/--17-14-zsr-modernizacia-zeleznicnej-trate-zilina--kosice

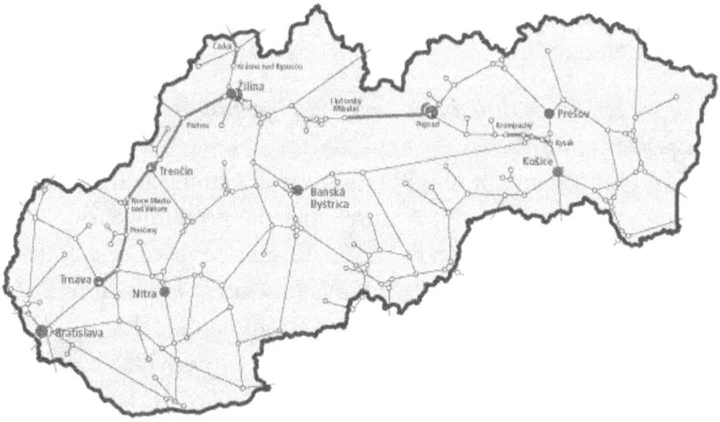

L'aspect politique considérable s'est manifesté dès le début du processus de décentralisation de l'administration publique dans différents secteurs de services d'intérêt général et s'est développé avec la délégation des compétences des organes centraux au secteur privé ainsi qu'aux autorités locales, en ayant pour conséquence une augmentation du taux de corruption[58]. Dans le secteur du transport, l'influence politique a un impact direct sur le fonctionnement des compagnies publiques dominantes, vu que leurs top-managers sont nommés par le gouvernement.

- ***une interopérabilité et une qualité de l'infrastructure ferroviaire insuffisantes***

Le niveau relativement faible de l'infrastructure ferroviaire du pays est lié, entre autres, à la préférence des pouvoirs publics pour le réseau routier (investissements publics plus importants

[58] HAMALOVA, M. et al. 2014. *Teória, riadenie a organizácia verejnej správy*. P. 367. Bratislava. Wolters Kluwer

pour les autoroutes). Il en résulte que l'infrastructure ferroviaire est obsolète sur le plan technologique et incompatible avec le système européen. Ainsi, dans la pratique, les sociétés ferroviaires étrangères transportent les marchandises à la frontière slovaque, le transporteur national les prend ensuite en charge en changeant de locomotive et de personnel, et réciproquement.

- ***le raisonnement et le comportement des transporteurs publics***

L'effort pour maintenir leur position sur le marché se traduit de différentes manières, entre autres par la préférence que le manager de l'infrastructure *ŽSR*, lui-même acteur public, accorde à *ŽSSK* ou à *Cargo Slovakia* sur l'allocation des capacités. Ces deux transporteurs dominants, d'une part continuent à maintenir une attitude réticente envers d'autres entreprises de transport, existantes ou nouvelles sur le marché, ayant besoin elles-aussi de l'accès à l'infrastructure, et d'autre part, se servent des pratiques de prix dont l'objectif est soit de faire partir des concurrents du marché, soit d'empêcher d'autres d'y entrer. Le système selon lequel les contrats d'intérêt général sont organisés dans le transport de voyageurs contribue lui aussi à donner une position favorable dont jouent les sociétés publiques de transport. Les contrats conclus par l'État avec *ŽSR*, *ZSSK* et *Cargo Slovakia* ne contiennent pas de mécanismes qui inciteraient ces trois sociétés à une diminution du coût, donc à un fonctionnement plus efficace. L'un des arguments expliquant le fait que, même après la libéralisation, la compétitivité n'est pas celle qu'elle devrait être, renvoie aux sanctions que l'autorité de la concurrence *(Antimonopolný úrad)* inflige à ces sociétés de transport publiques pour l'abus de leur position sur le marché. À titre d'exemple, en 2012, *Cargo Slovakia* a payé une amende de 2,49 millions € pour abus de position dominante sur le marché, et en 2014, la sanction a été de 10,253 millions € pour avoir limité la vente et la location de locomotives électriques à ses concurrents privés.

Les effets de la libéralisation du marché ferroviaire

Les principes concurrentiels changent de façon essentielle le fonctionnement d'un secteur public. Les expériences qui existent se différencient d'un pays à l'autre, en fonction de ses caractéristiques, de son histoire, de l'attachement de la population au service public. Les analyses économiques montrent que la décentralisation et la libéralisation dans ces secteurs publics ont un potentiel qui peut se traduire en effets positifs, mais également en limites. Le potentiel est plus ou moins évident : partout où le marché fonctionne, même partiellement, l'allocation des ressources et la qualité de production sont plus élevées que dans un secteur public monopolisé. Selon Nemec (2001)[59], les effets positifs peuvent se manifester par :

- une croissance de la variabilité d'offre des services
- une meilleure efficacité de production des services au niveau du coût
- une meilleure qualité de leur prestation
- un renforcement de l'équité concernant l'accès de tous au service public
- une amélioration de la capacité d'Etat de contrôler les dépenses publiques.

En Slovaquie, la libéralisation du marché du transport ferroviaire a sans aucun doute satisfait plusieurs attentes de la population, notamment sur le plan du choix de transporteur, de l'arrivée de plusieurs trains modernes, d'une meilleure qualité des services et d'une accessibilité des prix, malgré leur augmentation certaine. Cette amélioration est devenue visible surtout à compter de 2012 où une nouvelle compagnie privée est entrée sur le marché du transport de voyageurs *(Regio Jet)*, avec son propre matériel roulant, un niveau de service remarquable et des prix plus intéressants que ceux de la *ŽSSK*. Une partie de la clientèle de cette dernière est passée aux trains

[59] In MEDVEĎ, J. et al. 2005. *Verejné financie.* P. 302. Bratislava: Sprint

de la *Regio Jet* ce qui se vérifie par une diminution des personnes transportées par la *ŽSSK* pour la période concernée[60]. Cependant, depuis ces dernières années, cette société publique de transport a vu le nombre de ses voyageurs remonter ce qui résulte du transport devenu gratuit pour certaines catégories de la population en 2015. Ce dernier s'est montré très motivant pour les voyageurs malgré la qualité de service médiocre de la société considérée.

Les nouvelles technologies d'information et de communication ont rendu l'accès aux services de transports plus rapide et flexible, et ont également contribué aux effets positifs de l'ouverture du marché. Avec un personnel mieux formé aux guichets et dans les trains, où le transporteur public a dû suivre la dynamique des concurrents privés, les voyages sont devenus bien plus agréables qu'avant.

Quant aux effets négatifs de la libéralisation du secteur de transport, ils sont plusieurs à montrer les limites de celle-ci. Tout d'abord, alors qu'à l'époque de l'économie planifiée, la prestation de ces services était assurée par les monopoles étatiques avec plusieurs milliers d'employés, et qu'avec la libéralisation, ils ont été transformés en sociétés par actions, soit demeurant à 100 % étatiques, soit devenant privées avec une participation de l'État majoritaire ou minoritaire, l'impératif d'efficacité a conduit toutes ces sociétés à diminuer leurs effectifs. Ainsi, la suppression de postes a engendré certaines conséquences sociales difficiles, même si elles n'étaient pas très différentes de la libéralisation dans d'autres secteurs de l'économie.

---

[60] ŽSSK, Rapport annuel 2016

Tabl. 1 Evolution de l'emploi dans les trois les plus grandes sociétés

Effectif/Année	*2011*	*2015*	*2016*	*2017*
Cargo Slovakia	8 054	6 027	5 794	5 632
ŽSSK	4 792	5 949	5 924	5 952
ŽSR	14 998	14 066	13 939	13 781

Source : Rapport annuel *Cargo Slovakia* et *ŽSSK* : 2011, 2015 - 2017

Dans le transport de marchandises, l'évolution de l'emploi de la société *Cargo Slovakia* a été marquée par la concurrence, car en dehors de ce transporteur public, il y a plus d'une vingtaine de sociétés privées. Cet impact de la libéralisation est moins évident sur l'emploi de la *ŽSSK* parce que celle-ci n'a qu'un seul vrai concurrent privé dans le transport de voyageurs. La baisse d'emploi chez *ŽSR,* propriétaire de l'infrastructure ferroviaire, est faible (Tabl. 1) et est liée aux changements organisationnels ainsi qu'à l'effort d'optimiser le nombre d'emplois administratifs et les activités de contrôle.

Un autre aspect négatif que la population slovaque avait du mal à accepter consistait en la suppression en 2011 de quelques lignes ferroviaires considérées comme peu utilisées et peu rentables. Il faut toute de même souligner que cela résultait non seulement de la libéralisation du marché, mais également d'une évolution générale de la société sur la voie de la prospérité économique qui a conduit à l'utilisation de plus en plus de voitures personnelles pour tout déplacement. Cependant, depuis peu de temps, après que la *ŽSSK* a réévalué la situation dans les régions de ces voies fermées, quelques-unes ont été remises en route (H. Dúbrava – B. Štiavnica ou Zvolen – Šahy).

Conclusion

Après une période de quatre décennies de gestion centralisée des activités économiques, de bureaucratie étatique et de stagnation technologique qui en résultait, l'ouverture des marchés à la concurrence était plutôt la bienvenue en Slovaquie, y compris dans le secteur des services publics d'intérêt général, dont celui du transport. Les habitants n'étaient pas attachés à son caractère de service public plus qu'à celui de tous les autres produits et services assumés dans le passé par l'État dans leur ensemble. Ainsi, s'il existe une certaine nostalgie pour l'ancien système de la part des générations plus âgées, elle se réfère au rôle disparu de l'État providence en général.

Malgré les limites évidentes de la libéralisation dans le secteur des transports, comme sur tous les marchés de services d'intérêt général, et malgré certains problèmes évoqués, les éléments de concurrence y ont été introduits et ils ont contribué à la qualité et à l'efficacité des services, notamment en comparaison avec leur niveau dans l'économie planifiée. Cependant, il reste des marges d'amélioration des marchés considérés, en levant les obstacles à leur efficacité maintenus surtout par les sociétés dominantes, les anciens monopoles. La lutte systématique du gouvernement contre la corruption par le biais des lois de qualité, d'une application rigoureuse du droit, ainsi que par des sanctions strictes de tout comportement malhonnête, autant des fonctionnaires que des acteurs privés, en représente le défi le plus important.

Transports et accessibilité

Jean-Frédéric COLLET
Union nationale des associations de parents de personnes handicapées mentales et de leurs amis (UNAPEI)

La question de l'égalité des droits, dans le cas des personnes en situation de handicap dans les transports en commun, est importante.
L'accessibilité pour les personnes handicapées intellectuelles est un sujet qui peut paraître marginal, mais ne l'est pas nécessairement.

Je représente l'UNAPEI, fédération d'associations, et la plus importante association de défense des personnes handicapées. Le handicap physique, moteur, qui semble le plus évident, n'est en effet pas le seul handicap qui existe : il ne faut pas oublier le handicap sensoriel, visuel, auditif, intellectuel. Les solutions sont parfois plus difficiles à trouver pour les handicaps supposés légers que pour les handicaps moteurs. Une personne en fauteuil roulant se trouve face à une solution très contrastée : soit ça marche (il y a un ascenseur), soit ça ne marche pas (il y a un escalier). Dans le domaine du handicap intellectuel, il y a toute une palette de situations qui rendent les choses plus difficiles.

Notre fédération regroupe environ 500 associations, mobilise 100 000 professionnels et utilise les services de plus de 70 000 bénévoles. Nous traitons des aides à apporter aux personnes handicapées intellectuelles pour faciliter leur insertion.

Le handicap intellectuel ne doit pas être confondu avec les maladies psychiques (état dépressif, épilepsie…), qui se soignent. Le handicap intellectuel correspond à une déficience non réversible. On peut donc, par des actions éducatives, thérapeutiques ou pédagogiques, réduire les conséquences de ce handicap et faire en sorte que les personnes soient le plus autonomes possibles. Actuellement en France, il y a entre 650 et 700 000 personnes handicapées mentales, c'est-à-dire 1% de la population. Quand on pense personnes handicapées mentales, on pense aux personnes les plus lourdes, c'est-à-dire les trisomiques, mais le handicap mental dans ses formes les plus légères ne se voit pas forcément.

La fédération mène des actions de sensibilisation et de formation auprès des transporteurs, à l'aide de documents informatifs. Le comportement et les attitudes à adopter dérivent du bon sens : être à l'écoute, être attentif… le handicap lourd demande des aménagements, le handicap intellectuel demande davantage de facteur humain pour assurer l'accompagnement. Savoir qu'il faut être à l'écoute de son interlocuteur, c'est avoir fait la moitié du chemin. Il existe la démarche S3A pour symbole accueil, accompagnement, accessibilité, qui donne lieu à des sessions de formation pour les parties prenantes.

On identifie les avantages et les intérêts d'engager une démarche d'accessibilité : ce n'est pas uniquement une action de solidarité ou d'inclusion sociale, c'est aussi un investissement commercial. Les personnels des entreprises comprennent qu'être apte à répondre à ces besoins, c'est s'assurer un public large, en particulier chez les touristes.

Chapitre 5

Service public de la mobilité : quels usages, quels acteurs, quelle régulation ?

Comment organiser les mobilités sur le territoire ?

Cédric GRAIL
Adjoint au Directeur général, Direction générale des infrastructures, des transports et de la mer (DGTIM)

Comment organiser les mobilités sur le territoire ? Listons les sujets problématiques.

Revenons d'abord sur la concertation menée avec les assises de la mobilité, en particulier avec beaucoup des acteurs des nouvelles mobilités. Il faut évidemment faire attention à l'innovation à tout prix. Le tout-numérique n'a pas vraiment de sens s'il est fait pour lui-même ; il doit être fait pour la mobilité. Parler de vélo comme nouvelle mobilité, c'est peut-être un peu exagéré, puisque nous nous en servons depuis un moment.

On se demande trop souvent si le numérique bouleverse les mobilités. Ce qui est sûr, c'est qu'il y a une révolution mécanique qui touche les transports et les mobilités, mais pas dans tous les territoires. Tous les acteurs sont néanmoins percutés. La SNCF réseau a été plusieurs fois interpellée sur des sujets concernant le réseau. Elle a pourtant une véritable stratégie d'intégration de ces nouvelles mobilités, avec des succès plus ou moins grands, ce qui est normal puisque les processus sont encore à établir.

Beaucoup de nouveaux services émergent. Se pose donc la question de l'articulation des acteurs privés et publics. A Paris et en région parisienne, on voit ces nouveaux services, pour le moment propres aux très grandes villes : trottinettes, « free-floating », VTC. A quel moment ces services dépasseront-ils les grandes villes ?

En 2016, nous avons organisé une rencontre d'entreprises de co-voiturage à courte distance en France. On leur demande si elles pensent que les AOM (Autorités organisatrices de la mobilité) ont un rôle à jouer. La réponse est nous n'avons pas besoin de l'Etat, nous allons tout faire par nous-mêmes. Il y a quelques mois, un nouveau groupe de travail est réuni. Toutes les entreprises de co-voiturage à courte distance avaient, dans cette période de deux ans, compris qu'il n'y a pas de modèle économique sur la courte de distance et demandaient que les AOM prennent en main le co-voiturage courte distance pour proposer des solutions en complément d'autres mobilités.

Cette anecdote montre deux choses : les mobilités se font en complément les unes des autres, il faut créer une sorte de mélange des différents produits ; et les autorités publiques ont un rôle essentiel.

L'Etat doit donc assumer son rôle de soutien. L'AOM doit s'interroger. Elle doit s'interroger sur sa mission de demain : les régions vont devenir AOMR, autorités organisatrices de la mobilité régionale. Les communautés de communes rurales devraient devenir AOM. Il faudra qu'elle coordonne l'ensemble des mobilités, et donc aller plus loin que la simple habitude du transport collectif et scolaire, voire du transport à la demande. Il faudra proposer des solutions de mobilités cohérentes entre elles. Le métier d'AOM devra intégrer les spécificités territoriales. Il y a autant de politiques de transports que de territoires. Le numérique, on l'espère, permettra de trouver des solutions.

Une réflexion sur la DATA : tous les grands opérateurs, dont la SNCF mais pas seulement, ont une vraie stratégie DATA, parce que de grands moyens sont en jeu. Les AOM auront-elles suffisamment de data pour optimiser leurs politiques de mobilités ? Nous n'avons toujours pas la solution à cette question. Exemple : Google dispose très facilement des déplacements d'un très grand nombre de personnes ; via des algorithmes, des intelligences artificielles, il peut anticiper des comportements, et, le cas échéant, les infléchir. Nos AOM, qui organisent les mobilités sur le territoire, doivent avoir autant d'informations, ou au moins avoir la data qui permet de concevoir leur politique des transports, de les adapter et de les optimiser. Cet enjeu est politiquement et économiquement très difficile, parce qu'on oscille entre l'anti-Google et la naïveté. Soit on veut faire du full open data de tout (et l'ensemble des acteurs économiques rient, parce que la data a trop de valeur pour se prêter à ce jeu-là), soit on veut tout récupérer, ce qui n'a pas de sens non plus.

L'AOM doit probablement réfléchir à une manière d'infléchir les mobilités.

Un demandeur d'emploi sur quatre refuse aujourd'hui un emploi parce qu'il n'a pas de solutions de mobilités. Les AOM peuvent résoudre ce problème.

Il existe des plateformes (wemove) d'accompagnement individualisé de retour à l'emploi, qui prennent la personne pour, via de la formation et autres solutions, élargir son champ de recherche de l'emploi de 5 à 50 km.

Evidemment, le rôle des AOM dans ce domaine précis sera d'autant plus important en territoire peu dense.

Le rôle des politiques publiques et de SNCF Réseau

Alain QUINET
Directeur général délégué de la SNCF Réseau

Reprenant l'habitude qui est celle de SNCF Réseau, nous commencerons cette intervention en disant un mot de la sécurité : service public et innovation doivent être pensés en gardant à l'esprit la sécurité, qui est un point d'entrée important.

Nous l'avons tous dit, le secteur de la mobilité a longtemps été considéré comme très mature ; pendant de nombreuses décennies, le critère principal de progrès et d'innovation était la vitesse. Depuis l'arrêt du Concorde, il n'y a pas eu de progrès dans le domaine de la vitesse, et ce, quel que soit le mode de transport que l'on considère. Il y a même plutôt eu des régressions, en particulier à cause du vieillissement des infrastructures.

Depuis quelques années, on voit arriver des ruptures. On étudiera donc ici le rôle des politiques publiques et celui de SNCF réseau.

L'équilibre règlementation / régulation doit être considéré. En France, nous avons une tradition de beaucoup règlementer les modes de transport qui existent. L'exemple-type que l'on cite toujours, ce sont les taxis. On voit ensuite apparaître dans les villes uns situation qui émerge d'un vide juridique : le modèle Uber, et des modes anciens qui trouvent une deuxième jeunesse avec la technologie (trottinette, *free-floating*…). Au départ, nous avons donc une règlementation très forte, peut-être même excessive ; et pourtant, à l'arrivée, on constate l'irruption de modes de transport qui réclament une forte régulation. Dans les villes, en effet, il y a un besoin de réguler Uber et les modes de transport actifs qui apparaissent.

Le problème de la régulation, ce n'est pas qu'une question de trottinettes, de vélos, de répartition de l'espace et de voirie. C'est un problème majeur qui se pose avec les voitures autonomes. On sait très bien que l'avenir de la voiture autonome n'est pas tracé ; il y aura donc un grand choix de régulation pour savoir ce que les autorités veulent faire de la voiture autonome.

Il nous faut également aborder le sujet des politiques publiques. L'innovation ne suit pas une route dans une direction prédéterminée. Elle se loge naturellement dans les endroits où il y a des clients. Les politiques publiques ont donc un rôle à jouer, dans le sens où l'innovation n'est pas seulement un service rendu au client, ce qui est déjà pas mal, mais aussi la participation à des objectifs de politiques publiques. On a employé tout à l'heure le mot de verdissement. L'innovation n'est pas spontanément verte si l'action publique ne lui en donne pas l'injonction.

S'agissant de SNCF réseau, nous sommes face à un défi nouveau. Notre histoire nous pousse à raisonner par modes : le mode ferroviaire avec ses atouts et ses limites, qui est en coopération ou en compétition avec d'autres modes. Selon les segments et les périodes, on gagne ou on perd du terrain. On a globalement perdu du terrain sur le fret face à la route, on en a gagné dans le domaine de la grande vitesse face à l'avion.

Des innovations cassent la typologie entre modes. Où sont les alliés, les coopérations, les zones de concurrences ? Une partie de l'innovation ne vient pas à l'intérieur du mode. On était habitués à être nous-mêmes producteurs d'innovation. Pourtant, une partie de l'innovation – drones, digital – n'est pas née dans le ferroviaire. Il faut donc se l'approprier de manière efficace.

Comment définir ces politiques ?

Il faut prendre la mesure de la concurrence. Il existe beaucoup de modes de transport alternatifs au ferroviaire. Ils mettent en avant le verdissement (avec, notamment, l'électrification) et l'automatisation. Même si la SNCF est souvent qualifiée de vieille maison, on ne se sent pas mal à l'aise sur ce sujet. Les nouveaux modes proposent des solutions pour demain, nous les proposons pour aujourd'hui. On offre aujourd'hui des solutions déjà vertes. Les transports collectifs sont sans doute le mode de transport où les mécanismes d'automatisation sont les plus développés. Dans le domaine ferroviaire, nos systèmes de signalisation, de commande contrôle, se modernisent aussi à grande vitesse et nous sommes capables de pleinement tirer profit des nouvelles technologies. J'en suis d'autant plus sûr qu'une de mes convictions est que les questions systémiques que le ferroviaire parvient à régler sont des questions qui se poseront de plus en plus pour les autres modes. Au-delà des atouts bien connus du ferroviaire, sa grande force est d'être capable de faire fonctionner un réseau de manière systémique. Nous sommes, évidemment, conscients de nos limites, mais nous savons faire rouler 15 000 trains par jour en toute sécurité ; et c'est un exercice système d'une très grande complexité ! Les nouveaux modes, en particulier les voitures connectées, les voitures autonomes, seront confrontés à cet enjeu de l'organisation systémique. C'est une chose de faire rouler une voiture, c'en est une autre de les faire rouler en système. Dans la montée en gamme de ces autres modes, notre compétence système est une vraie compétence, assez rare, et, qui, on s'en rend compte à mesure qu'on prend contact avec eux, intéresse les secteurs les plus innovants.

Historiquement, notre modèle est prescripteur/intégrateur. On prescrit ce qu'il convient de faire, on prescrit la solution, on la sous-traite à des entreprises, et on l'intègre. Aujourd'hui, on doit nous-mêmes absorber et optimiser de l'innovation qui ne vient pas de chez nous. Il est donc important d'être davantage en dialogue avec les grands industriels et les start-ups dès la phase de conception, pour intégrer les bonnes solutions technologiques. Un de nos grands défis, c'est de profiter de cette gamme d'innovations pour nous adapter aux besoins de la zone dense, mais aussi pour relever les défis des lignes régionales. On est en effet en manque de ces solutions techniques pour ce dernier point, puisque l'argent public manque.

Beaucoup de collègues européens sont intervenus aujourd'hui. Je préside moi-même l'association des gestionnaires d'infrastructures européens. Je constate deux choses. D'abord, qu'il y a un besoin immense du ferroviaire, tous les collègues l'ont pointé. La deuxième, c'est que l'innovation doit absolument être au service de l'interopérabilité. Il ne faut pas que chacun développe sa solution dans son pays, et qu'à la fin ce soit de plus en plus compliqué pour un train de passer la frontière. Les systèmes doivent être harmonieux, en particulier la signalisation. L'Agence européenne a un véritable rôle à jouer dans le domaine de l'harmonisation.

Le défi du projet hyperloop

Sébastien GENDRON
Chief Executive Officer – TransPod Inc

TransPod est une société canadienne basée à Toronto. Elle a des antennes dans le nord de l'Italie et en Haute-Vienne. On attend le permis de construire imminent. On travaille aujourd'hui sur un projet de transport par tubes, appelé *hyperloop* dans la langue courante.

Le concept est remis au goût du jour par le milliardaire Elon Musk en 2013. Pour rafraîchir ce concept datant d'un siècle, il crée le terme d'*hyperloop*. C'est en fait la marque qui est derrière le système, et le nom est déposé dans certains pays. Deux de nos concurrents utilisent déjà le terme, voilà pourquoi nous avons choisi un autre terme, celui de « transport par tubes ».

A l'origine de ces recherches se trouve une question : comment dépasser les 300km/h ? Les premiers designs et concepts évoqués au début du siècle dernier pensaient recréer une atmosphère à faible pression dans le tube (on enlève 90% de l'air dans le tube) pour s'affranchir des frottements aérodynamiques et atteindre des vitesses similaires à celle de l'avion, grâce à des moteurs et des systèmes de lévitation électromagnétiques.

Si l'on reprend les technologies utilisées au Japon (technologies Maglev), on prend un train japonais, on enlève le tube, on enlève une majorité de l'air. Théoriquement on peut se déplacer à des vitesses allant jusqu'à 800 à 1 000 km/h. Le problème du Maglev, c'est son coût pharaonique. On reprend donc les concepts du Maglev tout en ayant un coût au km de l'infrastructure bien plus abordable. Voilà l'objectif de TransPod.

La propriété intellectuelle que l'on développe, c'est de concentrer l'ensemble de la technologie sur les véhicules pour que l'infrastructure soit la moins chère possible. L'infrastructure n'est rien d'autre qu'un tube métallique sur des poteaux. La configuration fonctionne très bien en Amérique du Nord, moins sensible que nous à la pollution visuelle. En France, on n'est pas près de l'avoir traversant le paysage. Mais on peut avoir des solutions semi-enterrées (on est en train de commencer des analyses de coupes) ou enterrées.

Nous sommes dans un environnement à faible pression : 100 Pascal, c'est-à-dire 50km d'altitude : les avions volent à 10km d'altitude ; on se rapproche donc davantage, avec l'*hyperloop* et ses dérivés, de l'aérospatial que du ferroviaire ; le système en lui-même est un système guidé et reprend des éléments du ferroviaire, non loin du TGV autonome auquel travaille la SNCF. Pour ce dernier, il s'agit de pouvoir prévoir les risques naturels (animal qui traverse, branche sur la voie). Dans le cas de l'*hyperloop*, le fait d'être protégé des éléments naturels nous fait gagner du temps sur la sécurité.

Nous sommes associés à trois autres petites sociétés au niveau européen. L'Europe, avec la DGME, prend la tête du sujet, lance un appel à manifestation d'intérêt auprès de l'ensemble des pays de l'Union. Quinze pays, dont les Pays-Bas, la Suède, beaucoup de pays du Nord, sont intéressés. Une première réunion de travail aura lieu dans les prochains jours. Nous travaillons aussi avec les ministères des transports, et nous espérons que la France rejoindra le projet.

Nous souhaitons donc intégrer l'ensemble des standards et requis industriels au plus tôt dans le système pour éviter les surcoûts budgétaires dans le développement.

En termes d'usages, quitte à développer un nouveau mode de transport, il faut qu'il soit plus rapide, plus facile à utiliser, moins cher et respectueux de l'environnement. En l'absence de ces quatre piliers, autant s'arrêter tout de suite et utiliser la voiture ou le train. On a vu qu'il est possible d'avoir des coûts moindres que Maglev ; le système est électrique, donc écologique ; il existe également une possibilité d'intégrer l'énergie renouvelable dans l'infrastructure : une structure de 700km qui produit de l'énergie, à condition que le ratio soit supérieur à 1, sinon ça ne sert à rien. Le nouveau mode de transport doit également être fait pour l'usager. Prendre l'avion ou le train aujourd'hui implique de respecter un horaire précis ; si on manque l'avion ou le train, un surcoût est associé au changement. La modalité de demain, c'est d'aller à la gare et de ne pas se soucier d'une réservation tant la fréquence du transport permet de s'en passer. On sort du débat sur la capacité à tout prix. Diminution de la taille des lots et augmentation de la fréquence assureraient cette dimension plus pratique. Evidemment, il faut que le modèle économique se prête à un tel exercice. Il faut des financements. On ne demandera pas au gouvernement d'investir. En tant que société privée, nous avons obligation de démontrer une rentabilité économique et de pouvoir mélanger ces petits véhicules avec du fret express (ce qui est sensible au temps : le commerce en ligne, qui explose, et la nourriture). Ce fret express représente actuellement 20% du trafic routier : le détourner sur un autre mode de transport, c'est désengorger les routes de ses camions.

On n'a pas inventé l'ampoule en améliorant la bougie : il faut sortir de la simple amélioration pour inventer de réelles solutions. L'Université de Limoges et le département soutiennent le projet, merci à eux. Les routes sur lesquelles nous travaillons sont Paris-Toulouse et Le Havre-Paris, deux corridors qui éprouvent un réel besoin. Nous développons des études de faisabilité économique pour valider ces deux projets, le plus vite possible. Il faut débloquer des budgets sans attendre l'aide de l'Etat, et il suivra.

Transports et technologies numériques

Alexis MONS
Executive Senior, Vice-président d'EMAKINA

Le numérique est un état d'esprit, plus que du matériel. C'est l'état d'esprit des gens qui a changé. Si on réduit une route, mais que Google maps a décidé d'y faire passer l'itinéraire le plus court, il va bien falloir s'adapter. En tant qu'élu local pourtant, on n'a pas à subir que Google veuille faire passer un itinéraire par là. En tant qu'usager en revanche, je fais confiance au système et je passe. Dans le numérique, l'innovation est la normalité. Chacun a la capacité d'adopter la modernité, dont le niveau d'acceptation est devenu extrêmement rapide.

Autre chose importante, la distance est devenue la normalité. Dans le milieu des transports, un poncif répète que dans une douzaine d'années, le trafic automobile baisserait de 30% sous la pression des voitures autonomes. L'avenir nous le dira.

Il est en effet impossible de prévoir tous les comportements, comme en témoigne le paradoxe de la visioconférence : leurs inventeurs imaginaient qu'ils économiseraient des coûts de transport et que les gens se parleraient à distance. Or, c'est l'exact inverse qui se passe. Maintenant qu'on peut parler à n'importe qui sur terre, on veut aller le voir. Le trafic connaît donc une croissance exponentielle. Ne doutons donc pas que le numérique, la visioconférence, ne font que démultiplier, et non réduire, les besoins de se déplacer.

Une étude récemment sortie, consacrée aux usages des familles pauvres (étude du CREDOC), révèle que le covoiturage n'est pas arrivé par hasard. Il est le fruit d'une suite d'événements. En 2008, les Français préfèrent se doucher à l'eau froide et ne pas allumer le chauffage afin de ne pas couper le budget de la box internet et de la téléphonie mobile. Quatre ans plus tard, ce n'est plus un budget. Le covoiturage n'est pas l'apanage des familles riches. Le business de Blablacar décolle avec la crise. Les gens se saisissent de l'opportunité qu'ils trouvent, permises par Internet. Ne nous mettons pas dans la tête que l'expression du besoin part d'en-haut : il part aussi des classes pauvres. Le covoiturage a été littéralement inventé par les gens. Un peu plus tard, les collectivités locales inventent les parkings pour covoiturage. C'est donc l'usage des gens, qui se garent à proximité des échangeurs autoroutiers et créent donc une gêne, qui pousse les collectivités locales à créer des aires et inventer une signalétique jusque-là absente du code de la route. Il est ainsi toujours intéressant d'observer comment les gens s'emparent des nouvelles technologies pour inventer de nouvelles manières de se déplacer.

N'inversons donc pas : c'est l'usager d'abord, la technologie ensuite.

L'exemple que l'on vient de développer illustre ce que l'on appelle une courbe de l'innovation classique. La courbe de l'innovation se dirige vers la banalisation.

Venons-en aux véhicules autonomes. Le bas de la courbe s'appelle la vallée du désespoir. Est-ce que ce sera la Google Car ou le Milla, un minibus autonome (qui desservira, dans le trafic, une zone d'activité près de Lyon, dans le trafic), qui sera l'avenir du véhicule autonome ? Est-ce que ce sera la solution individuelle ou la solution modulable ? Pour répondre à cette question, il faut s'attacher à répondre à la demande. Dans le domaine numérique, c'est la demande qui est la clé. Le minibus Milla circule déjà au Japon. Les gens de la ruralité attendent l'arrivée du bus pour les accompagner dans leurs activités quotidiennes (courses, médecin)… Tout ceci utilise le réseau routier existant. Le transport du futur, c'est celui-là.

Mobilité et recherche universitaire

Pierre-Marie PREUX
Vice-président chargé de la recherche, Université de Limoges

C'est l'innovation sociale, autant que technologique, qui sera abordée ici. L'université présente l'intérêt d'être dans la rupture technologique (ce qui se manifeste dans le soutien qu'elle apporte à TransPod et Hyperloop) mais fait en sorte que les innovations technologiques aboutissent à des innovations sociales et sociétales.

Quel est le rôle de l'Université dans l'avancée de la recherche ? L'Université doit être reliée aux autres centres, établissements et laboratoires de recherche et d'enseignement supérieur, au niveau régional, national et international. Les visioconférences, les outils virtuels, ne suffisent pas. Il faut se voir de temps à autres pour pouvoir avancer et proposer des projets. A l'Université, c'est ce que l'on fait, pour aboutir à de beaux succès de projets de recherche européen. Pour tout cela, il faut de la mobilité et des réseaux. Toute initiative qui va dans le sens d'améliorer la mobilité doit être encouragée, même si elle a peu de chances de succès.

Les ruptures technologiques favorisent l'économie de la connaissance, la naissance des idées et la circulation des chercheurs : mobilité et réseau sont donc des composantes essentielles du travail universitaire.

Un lien se fait entre universités et entreprises : les entreprises qui développent de nouvelles solutions technologiques alimentent l'activité de recherche. L'Université de Limoges est réellement positionnée sur les sciences appliquées, avec un travail actuellement en cours : le projet d'un Institut des sciences appliquées. Cette dimension applicative est donc extrêmement importante pour nous. Le lien avec les entreprises est égalcment assuré grâce aux étudiants et jeunes chercheurs. Notre rôle principal est de former les jeunes et de favoriser leur mobilité. Leur formation à la recherche en matière technologique, c'est leur permettre de développer une véritable culture entreprenariale.

Revenons un instant à TransPod : tous les domaines de l'Université sont concernés par le projet, ce qui explique que nous ayons choisi de le soutenir.

Pour nous évidemment, toute innovation technologique doit aboutir à une innovation sociale, sans quoi elle est inutile. C'est le rôle d'une université comme la nôtre de favoriser la rencontre entre le progrès technologique et l'innovation sociale. On peut mesurer la part des changements que ces progrès amènent sur les structures territoriales, politiques et sociales ; on peut voir si naissent de nouveaux modèles de régulation et de gouvernance et étudier la traduction en normes du développement de ces innovations.

Au-delà de cette inscription de l'université dans un réseau européen, national et mondial, et donc favoriser la mobilité des chercheurs ; c'est aussi la mobilité entrante et sortante de nos étudiants que nous devons favoriser. Nous avons clairement une marge de progrès. La vitesse, mais aussi la prévisibilité et la répartition des trains, ainsi que leur confort, sont des points à améliorer pour permettre aux étudiants de gagner plus facilement Paris.

L'Université a onc un rôle de premier plan à jouer dans ces innovations, dans cette nouvelle mobilité qui se dessine ; cela ne fera que consolider la place de l'Université de Limoges sur la carte nationale, européenne et internationale, et renforcera l'attractivité des chercheurs, ce qui profitera aux étudiants.

Mobilité et nouvelles technologies à Madrid

José RUANO de la FUENTE
Professeur de sciences administratives à l'université Complutense de Madrid (Espagne)

500 hectares du centre-ville de Madrid sont restreints au trafic privé. L'utilisation des technologies pour l'amélioration de la vie urbaine.

On parle aujourd'hui de révolution des données. Beaucoup de technologies stockent des données de notre activité quotidienne, dans tous les domaines. On parle d'une explosion des données, dont la croissance est exponentielle ; leur volume, leur variété et leur qualité sont toujours plus grands. Un projet de mon université est « un jour en vélo » : il s'agit de retracer les routes des vélos publics. La clé, c'est la géolocalisation du vélo, qui permet de repérer les routes empruntées. L'utilisation des données générées permet de connaître l'intensité du parc de vélos publics de Madrid. L'objectif est de placer les bases à l'endroit exact.

Une autre partie du projet est faite avec des cyclistes volontaires, qui empruntent des routes différentes.

Une autre source d'information est l'application Tomtom speed profile, qui fournit des informations sur les vitesses réelles des voitures dans la ville de Madrid. On peut donc en déduire la localisation des endroits congestionnés. On peut ensuite comparer les données à celles collectées dans d'autres villes d'Europe. Londres et Madrid seraient les capitales les moins congestionnées.

Les données de Twitter nous donnent la position des personnes utilisant l'application. En les regroupant spatialement et temporairement, on peut détecter la présence d'utilisateurs.

Evidemment, l'aéroport de Madrid est particulièrement représenté, puisque les gens arrivent tôt et annoncent souvent leur présence sur Twitter. On a ensuite les quartiers résidentiels, où il y a bien sûr une activité Twitter accrue.

Les applications de photographie géolocalisées offrent également des données intéressantes. On note particulièrement les lieux d'intérêt touristique.

L'application Airbnb nous montre la pénétration de l'offre touristique dans les grandes villes espagnoles.

La mobilité à travers huit paradoxes

Pierre BAUBY
Enseignant-chercheur associé à l'Université Paris VIII et à Sciences Po,
Fondateur de Reconstruire l'action publique (RAP)

J'évoquerai ici la question de la mobilité à travers le prisme de huit paradoxes, qui resitueront certains éléments traités aujourd'hui dans des tensions qui circulent dans cette société
Michel Senimon l'a effleuré ce matin dans son introduction ; on parle beaucoup de mobilités, mais pas d'immobilités. Or, les deux contextes sont en relation. La mobilité n'est pas un absolu, ni un but en soi. On dit toujours « cela fait du bien de se poser » : on n'est donc pas uniquement mobile ou immobile, mais on est dans l'un ou l'autre état.

2e paradoxe : on a beaucoup parlé de droits, mais peu de devoirs. Pourtant, la mobilité, si on la définissait de manière générale, est confrontée à la nécessité de durabilité. Il faut donc des arbitrages, des choix de société. Quand on cultive des pommes de terre dans le nord de la France, qu'on les transporte en camion en Italie pour les transformer en frites et qu'on les rapatrie dans les Hauts-de-France pour les manger, c'est indubitablement de la mobilité. Elle n'en est pas pour autant légitime ni durable. Il y a donc des droits et des devoirs à la mobilité.

3e paradoxe: mobilité et marchés. On vit dans une économie que les traités européens appellent « économie sociale de marché ». Il faut donc prendre en compte le marché comme générant des polarisations spatiales, économiques, sociales et financières. Le marché ne développera pas spontanément les aspects positifs de la mobilité. Les autorités publiques doivent donc jouer leur rôle pour déterminer les droits et les devoirs de chacun. Il faut non seulement réguler, mais aussi règlementer. Ce constat nous ramène à l'essence du service public. Une autorité publique détermine qu'il y a des normes spécifiques qui répondent à des objectifs assignés par la collectivité.

4e paradoxe: mobilité entre concurrence et coopération. On a répété plusieurs fois aujourd'hui l'importance de la coopération entre les modes, mais il ne faut pas oublier l'importance de la collaboration entre l'individuel et le collectif. L'arbitrage de cette relation est à prendre en compte. Il faut donc réfléchir en termes de conjugaison entre concurrence et coopération. J'aime bien, dans ce cas, le concept de « coopétition » : ne pas opposer concurrence et coopération mais conjuguer leurs aspects positifs. La concurrence doit être loyale. Il n'y a pas de concurrence loyale entre les modes de transport, entre les initiatives, entre les innovations, s'il n'y a pas d'obligation d'internaliser toutes les externalités positives et négatives. Les enjeux sont considérables : nous raisonnons tous d'après le PIB ; et plus il y a d'accidents sur la route, et plus le PIB augmente.

5e paradoxe : le rapport entre mobilité et libre circulation. L'objectif de libre circulation figure dans le traité de Rome (1957). La mobilité est en lien avec l'objectif initial de la construction européenne. Cela ne signifie pas que tout le monde fasse ce qu'il veut, où et quand il veut, mais qu'il faut des règles de vie en collectivité pour assurer la sécurité de chacun.

6e paradoxe : mobilité et numérique. D'un côté, le numérique permet de réaliser du transport à la demande, sur-mesure, et d'adapter très finement le service aux besoins et à leurs évolutions. Dans le même temps, le numérique doit et peut permettre de réduire un certain nombre de mobilités physiques. Les vidéo-conférences ne sont pas la seule solution à trouver. Cela nous amène au cœur du service public, qui est là pour répondre aux besoins et à leurs évolutions.

8e et dernier paradoxe : le rapport entre les mobilités et les valeurs communes à l'Union et aux Etats membres ; partir des besoins, organiser l'expression des besoins ; définir des missions de service public ; conjuguer unité et diversité (principe de subsidiarité). Ce dernier point n'est pas une tradition française. Pourtant, j'ai été gêné dans cette journée lorsqu'on a parlé de compétences attribuées à la région, aux communautés de communes, etc. Il faut conjuguer le partage des compétences et ne pas avoir des compétences exclusives, où l'un décide et les autres suivent. Il faut conjuguer le local, le national et l'européen. Qualité, sécurité, caractère abordable, égalité de traitement, universalité, droit des utilisateurs, doivent être garantis.

En conclusion, nous sommes confrontés à la nécessité de changer de paradigme et de logiciel dans nos réflexions. Pendant les trente années post 1945, nous avons vécu avec comme paradigme le keynésianisme : le rôle du marché. Dans les années 1980, on bascule vers un autre paradigme structurant, celui du marché. Il faut réfléchir à un autre paradigme à construire, celui des valeurs communes, à partir desquels nous ré-enclencherons une dynamique de progrès pour chacun.

Synthèse

Droit à la mobilité, droit des mobilités : une stratégie territoriale nécessaire

Hélène PAULIAT
Professeur à l'Université de Limoges
Présidente d'EUROPA

Nous arrivons au terme de notre journée consacrée aux transports et à la mobilité, innover pour rapprocher les territoires... C'est peu de dire que les approches ont été nombreuses, diverses ; deux conceptions s'opposent en effet : une approche positive de la mobilité, qui implique des déplacements variés, pour des motifs très divers ; un gain de temps car la mobilité est souvent liée à la vitesse, et notre rapport au temps s'en trouve modifié ; une certaine proximité puisque sont remises en cause les distances et notre conception de l'espace ; mais aussi une mobilité plus verte, soucieuse des exigences environnementales et écologiques. Il existe également une approche négative de la mobilité, qui au contraire ferait perdre la notion de proximité car elle serait surtout orientée vers les grandes distances et les relations entre les métropoles ou les capitales, qui entrainerait la désertification des territoires, la fuite parfois comme l'a montré l'exemple de la Lituanie, qui remet en cause la cohésion sociale et l'équilibre des territoires...

Cette ambivalence dans les approches se double d'une ambiguïté selon la conception qu'en ont les Etats, l'Europe (dont le souci principal semble être la mise en réseau), les élus, les usagers, les entreprises...Ambiguïté encore entre mobilité et transports dont, finalement, nous avons peu parlé.

Ainsi s'affirme la reconnaissance d'un droit à la mobilité, très polymorphe, beaucoup mis en avant au détriment du plus classique droit des transports (I) ; mais les activités de mobilité mettent en évidence les mutations de la prise en charge des besoins d'intérêt général, dans le cadre et le respect des valeurs communes de l'Union européenne (II).

I-Un droit à la mobilité : l'incarnation d'une stratégie des transports

C'est donc le droit à la mobilité qui a fait l'objet d'une reconnaissance et non un droit de la mobilité ou un droit des mobilités ; cette consécration demeure cependant difficile (A). De plus, ce droit se double d'une activité, un service public, qui plus est un service public territorialisé. Ce droit s'inscrit alors logiquement dans une stratégie d'ensemble, qui semble pourtant insuffisamment précise (B).

A-Une consécration peu aisée

L'on a parlé à plusieurs reprises de droit générique : le droit à la mobilité permettrait l'exercice d'autres droits, alors qualifiés de plus secondaires. La mobilité permet en effet de se déplacer de son domicile à son lieu de travail ; il permet de faire du tourisme, de se soigner, de visiter des proches donc d'avoir une vie familiale… Mais il est bien délicat de définir les contours de ce droit à la mobilité.

1-La reconnaissance d'un droit suppose en effet la réunion de conditions

Le droit à la mobilité supposerait donc l'existence de bénéficiaires, d'utilisateurs, qu'il faudrait précisément identifier. Ces bénéficiaires peuvent-ils avoir des représentants ? Mais qui dit utilisateurs suppose que les personnes aient accès à ce droit et/ou aux différentes formes de mobilité. S'impose alors la question de l'accessibilité à la mobilité ; si le droit à la mobilité suppose l'accessibilité, il implique des aménagements particuliers pour les personnes en situation de handicap, il suppose également un accompagnement de ces personnes puisque, selon le type de handicap, l'accompagnement n'est pas de même nature (par exemple s'il est de nature intellectuelle) ; il faut alors prévoir une formation spécifique des agents.

Les autorités en charge de la garantie du droit sont aussi à identifier ; on peut les résumer par trois lettres que l'on a beaucoup entendues tout au long de la journée, les AOM, Autorités organisatrices de la mobilité, qui succèdent aux autorités organisatrices des transports. Et l'on sait que la loi d'orientation des mobilités en accroît le nombre puisque sont concernées les régions, les départements, les intercommunalités... Tout cela nécessite une cohésion, l'on y reviendra.

Un droit suppose un ensemble de valeurs sur lesquelles il repose, ce seront les valeurs du service public : outre les lois fondamentales, il s'agit de la non-discrimination, de l'équité, de la qualité...

Mais ce droit à la mobilité est évolutif, contingent : il se transforme au fur et à mesure des innovations technologiques, des exigences environnementales et climatiques, des contraintes de la vie sociale ; l'on redécouvre de nouveaux modes de déplacements que l'on croyait oubliés (la trottinette, mais elle est devenue électrique, le vélo, devenu souvent aussi électrique, des engins électriques divers et sans bruit)... Le contenu même du droit à la mobilité, son sens, diffèrent selon les utilisateurs. Et le problème est sans doute là : tout le monde s'intéresse à la mobilité, mais la représentation de la mobilité n'est pas la même pour tout le monde. Si de nouveaux modes de mobilité sont proposés, il faut un temps d'appropriation par les utilisateurs. Ces derniers attendent avant tout une réponse à une difficulté ou à une impossibilité de se déplacer. Le droit à la mobilité doit également être opposable aux pouvoirs publics, aux autorités organisatrices. Les usagers devraient donc être en mesure de revendiquer l'exercice de ce droit, en obligeant les pouvoirs publics à prendre les mesures qui s'imposent ; ainsi en Hongrie, les utilisateurs ont obligé les pouvoirs publics à faire évoluer leur politique publique des transports et de la mobilité, en particulier en imposant une augmentation des fréquences de certains trains. Mais tout s'entremêle, entre mobilité souhaitée mais usages à réguler pour éviter des accidents.

2-La reconnaissance d'un droit amène à réfléchir à ses fonctions

Le droit à la mobilité a de multiples fonctions.

La première serait une fonction d'inclusion : la mobilité permet l'exercice du droit à l'inclusion, à l'insertion. Etre mobile, c'est pouvoir trouver un emploi qui ne serait pas tout près de son domicile, c'est pouvoir sortir avec des collègues ou des amis et donc avoir une vie sociale comme tout le monde, c'est bénéficier d'aides ou de ressources plus facilement, c'est pouvoir faire ses courses en ayant le choix, c'est se soigner car l'on peut se déplacer chez le médecin… La mobilité serait donc un remède à une situation de précarité ; l'absence de mobilité impliquerait à l'inverse l'impossibilité de trouver un emploi mieux rémunéré mais plus loin, l'obligation de rentrer à son domicile plus tôt car il est éloigné des lieux de vie sociaux…

La fonction de préservation est également importante ; la mobilité permet l'accueil des autres, mais elle ne doit pas être trop développée au risque de remettre en cause sa propre sécurité. Ainsi une fonction de repli ou d'autonomie entre-t-elle en concurrence avec les fonctions classiques de la mobilité ; l'absence de mobilité permet de se protéger de la concurrence, de l'extérieur, mais elle risque d'entraîner alors une forme de repli sur soi, voire un repli identitaire. La mobilité peut encourager une forme de fuite de son pays ou de son territoire, qui ne présente plus les atouts économiques et sociaux que l'on souhaiterait.

La mobilité a aussi une fonction touristique ; elle permet de visiter d'autres territoires, de découvrir d'autres cultures, mais elle entraîne aussi des risques ; comment ne pas penser à Venise et à son encombrant lot de touristes quotidiens qui vont peut-être finir par la détruire, ou encore Budapest, qui souffre aussi de ces flux peu contrôlés ?

Un droit s'accompagne aussi de devoirs ou d'obligations ; la mobilité est souvent perçue comme une obligation subie, car le domicile est loin du travail et il faut faire deux ou trois heures de trajet quotidien. C'est donc toute une conception de la vie sociale que l'on doit repenser au travers de cette mobilité ; le temps de déplacement du lieu du domicile à celui du travail est aujourd'hui considéré comme du temps perdu ; il faudrait trouver les moyens de valoriser ce temps, soit comme un temps de travail (par exemple par le télétravail) soit comme un temps gagné sur une autre activité. Mais cela implique une modification de l'organisation du travail, qui n'est pas encore mise en place.

Construire un droit à la mobilité ne peut se passer d'un substrat ; il faut donc qu'il soit cohérent avec une stratégie de déplacement et de mobilité sur les territoires, et en ce sens, cette dernière demeure insuffisante.

B-Une stratégie insuffisante.

Le besoin de mobilité vient des territoires ; mais l'ampleur et l'étendue du droit à la mobilité entraînent des conséquences différentes sur les compétences au sein des territoires et sur le rôle qu'ils comptent jouer.

1-Une répartition des compétences incohérente

Il est parfois difficile, voire impossible, de nombreux intervenants l'ont souligné, de savoir qui s'occupe des transports nationaux, locaux, intercommunaux, ou encore internationaux. Cette difficulté a été mise en évidence en Belgique et en Pologne. Il est encore plus complexe de déterminer les liens qui existent entre les différentes autorités en charge de ces missions... Il ressort des travaux menés que la subsidiarité doit bénéficier d'un rôle important, mais que la complémentarité doit également intervenir.

Mais la question principale porte sur la manière dont les différents niveaux d'acteurs doivent se comporter, l'enjeu étant qu'ils ne doivent pas prendre de décisions en n'envisageant que leurs seuls intérêts. On sait que l'Europe raisonne essentiellement en termes de concurrence, de baisse des prix pour le consommateur ; l'Etat est en général attentif à tout ce qui peut contribuer à l'efficacité économique du pays ; le local cherche à maintenir la cohésion sociale, économique, et à contribuer au rapprochement des territoires avec un souci constant de proximité. Il est clair que, si chaque niveau défend son intérêt public principal, il sera impossible de concevoir une politique des transports globale, équilibrée, et cohérente pour l'ensemble du territoire, et portée par tous les acteurs. Cette difficulté s'accompagne d'une centralisation des réseaux qui ne facilite pas la subsidiarité. Il apparaît clairement cependant que les différents niveaux de collectivités ont omis de faire des choix, politiques et sociaux, ce qui a conduit à déployer des infrastructures de mobilité de toute nature et partout. Les contraintes économiques ont poussé les collectivités à agir, de même que des contraintes environnementales, mais sans nécessairement réfléchir à l'échelle d'un territoire à des choix cohérents.

Globalement se pose donc la question de la cohérence des mobilités, et la loi d'orientation des mobilités devrait tenter de clarifier certaines situations. Les autorités organisatrices des mobilités demeurent très diverses : la région, la commune, l'intercommunalité et l'on a du mal à construire une politique des transports collective pour un territoire donné, ce qui est pourtant le seul moyen de redonner du sens à la mobilité, en tenant compte des contraintes spécifiques de ce territoire, des demandes de la population… Les acteurs privés sont, dans le même temps, mieux armés pour anticiper les besoins de la population, en s'appuyant sur les bases de données de Google ou autres ; tandis que les autorités organisatrices des mobilités tentent de réfléchir aux comportements des potentiels usagers, les géants du web peuvent, du fait de la compilation des données, anticiper les comportements, les choix, les besoins des usagers des transports. La construction d'une vraie stratégie en matière de transports passe par la connaissance de ces besoins futurs, ce qui permettrait d'encourager les territoires à adopter une conception dynamique des transports.

2-Une conception dynamique des territoires

Les territoires ont naturellement des attentes diverses en matière de mobilité et de transports. Il est alors indispensable de prévoir un accompagnement des acteurs économiques des territoires, et ce par une gouvernance dynamique. Compte tenu des différents enjeux contradictoires qui irriguent la société à l'heure actuelle, il y aura, dans cette approche, des gagnants et des perdants ; il sera en effet impossible de satisfaire à la fois ceux qui défendent des enjeux écologiques et environnementaux et ceux qui souhaiteraient maintenir des activités en opposition complète avec ces engagements. Pour éviter de reconstituer des clivages, il est ainsi nécessaire de mener, sur un territoire donné, une analyse économique fine, une réflexion pour éviter le morcellement des territoires concernés, et surtout de construire une politique des mobilités en lien avec un projet de société discuté, partagé et accepté par les acteurs du territoire. Ce que l'on constate actuellement est plutôt en décalage avec cette approche vertueuse : les innovations en matière de mobilités restent concentrées dans les métropoles, sans phénomène d'irrigation ou de partage des projets. Certains pays ont tenté cette expérience : on peut citer le document stratégique 2020 en Pologne, publié en 2013, qui tentait une approche globale, conscient que les politiques de transports, de mobilités, influencent nécessairement le style de vie des citoyens ; une réflexion sur la mobilité conduit alors à repenser des modes de vie, et ces politiques amènent à un changement de culture, qui ne peut être brutal. Aux Pays-Bas, a été construite une stratégie globale fondée sur la cohérence mais aussi sur la complémentarité des mobilités : ainsi, si les politiques de mobilité ont grandement profité aux vélos, les infrastructures ont été pensées en complémentarité avec ce mode de transport privilégié, en particulier les gares et les parkings gardés pour vélos dans ces gares. La politique repose donc sur une combinaison des modes de transports, voulue comme inclusive pour garantir une certaine cohésion sociale.

Mais si le droit à la mobilité suppose une stratégie cohérente et innovante, les activités de mobilité qui en sont la traduction subissent une véritable mutation, tant elles peuvent être prises en charge de manières diverses.

II-Les activités de mobilité : les mutations de la prise en charge de l'intérêt général

Les activités de mobilité ne sont pas toutes équivalentes ; quand toutes reposent, quasi nécessairement sur une logique de concurrence (A), certaines, davantage en lien avec le service public, cherchent à développer des logiques plus novatrices (B).

A-Des activités de transports reposant sur une logique de concurrence

L'Europe est toujours critiquée en ce qu'elle favoriserait une forme de dumping social, du fait des exigences de libéralisation qu'elle promeut. Cette approche n'est pas totalement vérifiée : si la concurrence sociale apparaît relativement développée (1), elle a quand même donné lieu à quelques encadrements. En revanche, la concurrence économique est plus réelle, la régulation n'ayant pas atteint un degré satisfaisant (2).

1-Une concurrence sociale développée

Le dumping social s'est donc manifesté, dans le domaine des transports comme dans d'autres domaines. Le transport routier est sans doute le secteur qui a le plus connu cette concurrence humaine et sociale. Les transporteurs routiers ont en effet été confrontés au phénomène des travailleurs détachés, avec la différence de statut et de traitement qui l'accompagne. Selon les pays de l'Union européenne concernés, des différences majeures existaient, par exemple en matière de calcul du temps de conduite, de calcul du temps de repos. La concurrence, qui a conduit à faire travailler de manière parallèle des transporteurs, a en réalité contribué, du fait des différences criantes entre eux, à une harmonisation progressive de leurs conditions de travail et de leurs conditions salariales. A ainsi été consacrée la notion de salaire minimum approprié, qui constitue en quelque sorte le salaire minimum des conducteurs routiers ; et émerge, dans le même temps, une volonté de construire un socle européen de droits sociaux, qui empêcherait la montée en puissance de ce dumping social. La libéralisation pourrait donc se réaliser de manière moins débridée ou moins sauvage que dans d'autres secteurs...

2-Une concurrence économique non maîtrisée

La réalité est très différente pour la concurrence économique. La libéralisation s'est faite de manière complète, c'est-à-dire non seulement, ce qui pouvait, à la rigueur, se concevoir, entre les différents modes de transports et moyens de mobilité, mais aussi à l'intérieur même du secteur ferroviaire, ce qui est beaucoup moins compréhensible. Et dans certains pays, ces différentes concurrences ont été exacerbées par les décisions politiques, qui ont eu une influence directe sur l'utilisation de tel ou tel mode de mobilité. La Slovaquie nous en a donné un exemple ; la libéralisation des transports a eu lieu dans les années 2000 à 2010 ; cette libéralisation a entraîné une amélioration significative de la prise en charge des voyageurs, utilisant le mode ferroviaire, la concurrence amenant des installations plus modernes, des trains plus ponctuels, une qualité très correcte. Mais la décision politique d'instaurer le transport gratuit pour les étudiants et les personnes retraitées a eu un impact important pour le milieu concurrentiel avec des déséquilibres notables dans la perspective des investissements. De même, pour valoriser le réseau routier, les pouvoirs publics ont décidé de surtaxer d'autres modes de transports... Enfin, la concurrence économique s'avère parfois illusoire ; est-il pertinent d'ouvrir le secteur ferroviaire à la concurrence alors que celle-ci va être inévitablement faussée du fait d'infrastructures inadaptées et obsolètes ? Cette ouverture peut aussi être illusoire si le territoire dans lequel elle se déploie manque d'attractivité.

B-Des activités de service public reposant sur une logique novatrice

Toutes les activités de mobilité ne sont pas, loin s'en faut, des activités de service public. L'évolution des contraintes économiques, sociales, environnementales a permis pourtant un renouvellement des activités de transports (1) ; ces innovations ont-elles-même entraîné un renouvellement des principes qui régissent les services publics (2).

1-Un renouvellement des activités

Il serait erroné de croire que les différentes évolutions qui affectent les transports ont détruit le service public. Contrairement à ce que l'on pourrait parfois déduire hâtivement, le secteur des transports offre sans doute plus de service public qu'auparavant, mais organisé de manière très différente. Ces mutations interrogent alors sur le rôle de la puissance publique, sur le rôle de l'Etat. Le service public nécessite souvent des subventions pour pouvoir fonctionner correctement, ce qui génère une limite puisque le droit européen s'oppose aux aides d'Etat, ou, à tout le moins, les encadre de manière rigoureuse. Mais d'ordinaire, en cas de service public, c'est bien la puissance publique, la collectivité, qui intervient pour connaître et éventuellement anticiper les demandes des usagers. Or, depuis quelques années, l'on assiste à une modification profonde de cette situation.

La connaissance des besoins n'est plus l'exclusivité de la puissance publique, bien au contraire ; l'initiative vient des particuliers, des usagers eux-mêmes, des acteurs privés, qui, de manière empirique au départ, tentent de trouver des solutions lorsqu'aucun moyen de transport « officiel » n'existe, ou de trouver des solutions moins coûteuses lorsqu'un mode de transport existe, mais paraît trop onéreux. Lorsque l'initiative vient des usagers, il peut se faire que la puissance publique trouve un intérêt à la démarche, et conformément à la jurisprudence administrative désormais constante, cette dernière peut décider de déclarer cette initiative comme d'intérêt général, et de la subventionner. Ces évolutions ont alors une influence considérable sur notre droit traditionnel, puisqu'elles amènent à envisager une redéfinition, voire une reconstruction de la notion de service public. C'est l'usager ou le consommateur qui prend l'initiative de l'activité et c'est la puissance publique qui, dans un second temps seulement, va labelliser cette activité comme service public et va éventuellement définir un cadre juridique pour encadrer l'exercice de l'activité... Une difficulté juridique peut alors intervenir puisque la subvention s'avèrera difficilement compatible avec les exigences européennes ; la règlementation relative aux aides d'Etat postule un mandat préalable, ce qui ne peut être vérifié en l'espèce. Cette évolution conduit également à une remise en cause de la frontière classique entre utilisateurs, consommateurs et opérateurs ; dans un tel contexte, tous les utilisateurs sont en même temps potentiellement acteurs et opérateurs du service public.

La puissance publique va également se retrouver placée dans un rôle de régulateur, essentiellement de régulateur des usages. Seule la puissance publique maîtrise l'espace, pourrait-on dire... la diversification des activités de mobilité sur un même territoire et sur un même espace incite les acteurs publics à intervenir. Le trottoir est l'espace principalement réservé aux piétons, mais que fait-on alors pour les trottinettes, et que fait-on également lorsque les trottinettes deviennent électriques et font alors, du fait de leur vitesse, courir un risque nouveau aux piétons ? La puissance publique doit alors réguler l'utilisation de l'espace en prévoyant un partage de cet espace en fonction des usages de la mobilité, des aires de covoiturage pour un usage spécifique... Cette régulation des usages est également effectuée au niveau européen : l'Agence européenne veille à une innovation partagée et coordonnée. L'on peut alors s'interroger car, pour ce qui concerne le cas français, il n'a jamais été question, au cours des travaux de cette journée, du rôle de l'Autorité de Régulation des Activités Ferroviaires et Routières (ARAFER), qui, pourtant, devrait intervenir pour assurer une régulation adaptée entre différents types de mobilités.

La reconstruction de l'approche du service public et le renforcement des activités de service public dans le domaine des transports s'accompagne d'un renouvellement des principes applicables.

2-Un renouvellement des principes

Les principes classiquement applicables au service public demeurent, bien entendu. Mais certains évoluent, quand d'autres émergent. Si la continuité n'est pas discutée en elle-même, elle suscite la réflexion dès lors qu'on l'associe à une réflexion sur la continuité de la desserte de certains territoires, ce qui renvoie à la question déjà abordée de la complémentarité des mobilités. L'égalité n'est pas non plus réellement remise en cause, sauf, là encore, en termes d'égalité territoriale.

L'adaptation connaît, elle, une évolution significative. Certes, le principe de mutabilité ou d'adaptation constante implique que les transports doivent en permanence s'adapter aux évolutions technologiques, aux innovations techniques... Mais l'adaptation est désormais mise en perspective avec l'anticipation, déjà évoquée. Les autorités organisatrices et les opérateurs doivent être capables d'anticiper les besoins futurs de mobilité des usagers et des consommateurs. Cela implique parfois une anticipation des nouvelles dessertes, lorsque le cadre de vie change, lorsque de nouvelles industries s'installent. Notre collègue espagnol nous en a donné un exemple très concret avec la ville de Madrid et tout son dispositif de pointage, d'identification des mobilités aux heures de pointe et selon les trajets quotidiens. Ce principe d'adaptation constante ou peut-être même d'innovation constante est à mettre en lien avec le principe de libre circulation et la logique de réseau, qui sous-tendent l'interconnexion.

Un autre principe se fait jour, celui de l'autonomie, évidemment assez opposé à la conception traditionnelle du service public et de l'usager standard. Les évolutions ici retracées éloignent de plus en plus de l'analyse des besoins de l'usager standard mais aussi de l'usager captif. Celui qui voyage n'a plus nécessairement envie d'utiliser les services de mobilité traditionnels qu'on lui propose, ni les services en commun. Il va de plus en plus choisir, diversifier ses moyens de transport et il le fait d'autant plus aisément que l'offre existe et qu'elle est extrêmement variée. L'on construit alors un service public plus individualisé, sans référence à un usager classique. Le schéma même d'accomplissement du service public en est affecté : alors que, normalement, l'offre est créée par l'autorité publique et ensuite déléguée à un opérateur (éventuellement) pour répondre correctement à la demande, tout se passe comme si c'était la réponse à la demande elle-même qui était déléguée et qui construisait l'offre de service…

La politique des transports est complexe, diverse et en pleine mutation. Mais elle interroge sur certaines questions fondamentales : le projet de territoire doit intégrer une combinaison de modes de mobilité pour satisfaire la demande mais aussi pour continuer à assurer une cohérence et une cohésion sociale et territoriale. L'articulation des différents niveaux de décision, des différents niveaux de collectivités est indispensable pour mener une politique des mobilités ambitieuse mais cohérente. A une époque où le fossé entre les territoires se creuse, certains estimant que beaucoup sont oubliés, il importe de mener cette réflexion sur les choix de la mobilité, en lien avec les défis sociétaux que nous connaissons.

Table des matières

Présentation p. 7
Mots d'ouverture p. 9
Chapitre 1 : D'un droit des transports à un droit de la (des) mobilité(s) en Europe p. 31
Quelle stratégie ?
Jean-Baptiste DJEBBARI p. 33
La politique d'infrastructure de l'Union européenne
Alexis PADOY p. 35
Du droit à la mobilité à la cohésion sociale
Eric LE BRETON p. 39

Chapitre 2 : Infrastructures et réseaux de transports : un levier de développement économique ? p. 49
Infrastructures et développement économique
Emmanuel RAVALET p. 51
Infrastructures, temps de transport, utilité et qualité du service
Aurélien DELPIROU p. 55
Infrastructures de transports et enjeux géopolitiques
Giuseppe BETTONI p. 63

Chapitre 3 : Exemples européens de politique des transports et partage d'expériences p. 67
La difficulté d'établir une politique coordonnée des transports en Belgique
Christian de VISSCHER p. 69
Un investissement sur les infrastructures et la sécurité en Pologne
Malgorzata MOLEDA-ZDZIECH p. 73
Politique des transports et migrations en Lituanie
Eglé STONKUTE p. 77
Quelle politique des transports dans un Etat insulaire (Grèce) ?
Stella KYVELOU-CHIOTINI p. 79

Les Pays-Bas, un pays cycliste
Laurens ZWAAN p. 83
Table ronde partage d'expériences p. 93

Chapitre 4 : L'Europe des transports au défi des droits sociaux et fondamentaux : une Europe low-cost ? p. 105
Les expériences sociales et la sécurité des transports routiers de marchandises ; le temps du travail et de repos, une harmonisation à poursuivre
Barbara PALLI p. 107
Transports routiers de marchandises en Bulgarie
Antoniy GALABOV p. 133
La politique nationale des transports en Hongrie
Istvan TEMESI p. 135
Aspects positifs et négatifs de la libéralisation des transports ferroviaires en Slovaquie
Jana MARASOVA et Marie HORAHAJOVA p. 139
Transports et accessibilité
Jean-Frédéric COLLET p. 151

Chapitre 5 : Service public de la mobilité : quels usages, quels acteurs, quelle régulation ? p. 153
Comment organiser les mobilités sur le territoire ?
Cédric GRAIL p. 155
Le rôle des politiques publiques et de SNCF Réseau
Alain QUINET p. 159
Le défi du projet Hyperloop
Sébastien GENDRON p. 163
Transports et technologies numériques
Alexis MONS p. 167
Mobilité et recherche universitaire
Pierre-Marie PREUX p. 169
Mobilités et nouvelles technologies à Madrid
José Ruano DE LA FUENTE p. 171
La mobilité à travers huit paradoxes
Pierre BAUBY p. 173

Synthèse p. 177
Droit à la mobilité, droit des mobilités : une stratégie territoriale nécessaire
Hélène PAULIAT p. 179

Structures éditoriales du groupe L'Harmattan

L'Harmattan Italie
Via degli Artisti, 15
10124 Torino
harmattan.italia@gmail.com

L'Harmattan Hongrie
Kossuth l. u. 14-16.
1053 Budapest
harmattan@harmattan.hu

L'Harmattan Sénégal
10 VDN SICAP AMITIE 3
BP 45034 Dakar-Fann
direction@senharmattan.com

L'Harmattan Cameroun
Tsinga/Derrière polyclinique FECAFOOT
BP 11486 Yaoundé
Jacques.koukam@harmattan.fr

L'Harmattan Burkina Faso
Villa 281, secteur 23 623, rue 14.32
Ouagadougou
zagbie@outlook.fr

L'Harmattan Guinée
Almamya, rue KA 028 OKB Agency
BP 3470 Conakry
harmattanguinee@yahoo.fr

L'Harmattan RDC
185, avenue Nyangwe
Commune de Lingwala – Kinshasa
matangilamusadila@yahoo.fr

L'Harmattan Congo
219, avenue Nelson Mandela
BP 2874 Brazzaville
deunovmikhael@gmail.com

L'Harmattan Mali
Immeuble Mgr Jean Marie Cissé
Aci Hamadallaye
BP 145 Bamako
syllaka@yahoo.fr

L'Harmattan Togo
Djidjole – Maison Amela
face EPP BATOME
02 BP 20680 Lomé
didieramela11@gmail.com

L'Harmattan Côte d'Ivoire
Résidence Karl – Cité des Arts
Abidjan-Cocody
03 BP 1588 Abidjan
harmattan.ivoire@gmail.com

L'Harmattan Bénin
Rue 604, (Immeuble à l'entrée
de la rue UCAO- Cite de Saint-Jean)
Cotonou
stepcorpus@gmail.com

Nos librairies en France

Librairie internationale
16, rue des Écoles
75005 Paris
librairie.internationale@harmattan.fr
01 40 46 79 11
www.librairieharmattan.com

Librairie des savoirs
21, rue des Écoles
75005 Paris
librairie.sh@harmattan.fr
01 46 34 13 71
www.librairieharmattansh.com

www.ingramcontent.com/pod-product-compliance
Lightning Source LLC
LaVergne TN
LVHW010942061026
849535LV00007B/2523